Antigos Contos Nórdicos

Descubra os Deuses, Deusas e Gigantes dos Vikings: Odin, Loki, Thor, Freya & Outros (Livro dos Jovens Leitores e Estudantes)

Por Student Press Books

Tabela de conteúdo

Introdução

Aprenda sobre os antigos contos nórdicos e sobre os deuses nórdicos - Mitologia voltada para as idades de 12 anos ou mais.

Bem-vindo à série Mitologia Cativante. Este livro apresenta a você **os deuses, as deusas e os gigantes dos Vikings.** Ele apresenta os perfis de Odin, Thor, Loki, Baldur, Frigg, Freya, Freyr, e muitos outros!

Junte-se a Thor em muitas aventuras e aprenda sobre os corvos de Odin, a encadernação de Loki e Freya voando de Asgard para Midgard, acenando para as mulheres que ela encontra ao longo do caminho. Com imagens cativantes, complementadas por textos informativos e fatos sobre a mitologia nórdica, você se divertirá lendo este livro sobre os Antigos Contos Nórdicos.

O livro Antigos Contos Nórdicos é o livro perfeito para qualquer pessoa interessada em aprender sobre história cultural: está repleto de detalhes sobre as versões clássicas de Odin, Thor, Loki e de muitos outros deuses. Mas se você não é um estudioso (nem um Viking), não se preocupe! O idioma deste antigo texto foi traduzido para que você possa compreender as mensagens importantes encontradas dentro de suas páginas.

Não é apenas Thor que está cortando seus inimigos com um martelo destruidor de armas! Aqui estão todos os seus deuses menos populares, mas ainda favoritos: Bragi, Freya, Forseti, Heimdall, e Njord. Se você quer aprender sobre a mitologia nórdica, este é o livro para você.

Este livro da série Mitologia Cativante inclui:

- Mitologia nórdica - Explore os reinos dos deuses nórdicos: Asgard, Valhalla, Hel e muitos outros.
- Biografias fascinantes dos deuses nórdicos - Leia sobre esses deuses e deusas, além de seus poderes.
- Retratos vívidos - Traga estes deuses à vida em sua imaginação com a ajuda de imagens estimulantes.

Sobre a série: A série Mitologia Cativante dos **Editora Student Press Books** apresenta novas perspectivas sobre os deuses antigos que inspirarão os jovens leitores a encontrar seu lugar na sociedade ao aprender sobre a história.

Seu Presente

Você tem um livro em suas mãos.

Não é um livro qualquer, é um livro de livros para a imprensa estudantil! Nós escrevemos sobre os heróis negros, a capacitação das mulheres, mitologia, filosofia, história, e outros assuntos interessantes!

Desde que você comprou um livro, queremos que você tenha outro de graça.

Tudo o que você precisa é um endereço de e-mail e a possibilidade de assinar nossa newsletter (o que significa que você pode cancelar a inscrição a qualquer momento).

Então, do que você está esperando? Inscreva-se hoje e reclame seu livro gratuito imediatamente! Tudo o que você precisa fazer é visitar o link abaixo e digitar seu endereço de e-mail. Você receberá o link para baixar a versão em PDF do livro imediatamente para que possa ser lido offline a qualquer momento.

E não se preocupe - não há taxas de captura ou escondidas; apenas um bom brinde à moda antiga de nós aqui na Student Press Books.

Visite este link agora mesmo e inscreva-se para receber seu exemplar gratuito de um de nossos livros!

Link: https://campsite.bio/studentpressbooks

Mitologia Nórdica

Audhumia

Também se soletra Audhambla, ou Audhumla.

A vaca que criou Buri ao lamber o gelo

Uma vaca primitiva que surgiu do derretimento do gelo no início do universo. Audhumia (Nourisher) foi responsável pela formação do homem primitivo do qual todos os deuses descenderam, e ela também alimentou o gigante primitivo do qual descenderam os gigantes da geada.

A origem de tudo, acreditavam os nórdicos, era um abismo bocejante chamado Ginnungagap. A extremidade norte deste abismo era preenchida com enormes quantidades de gelo e rime, em um vasto deserto congelado chamado Niflheim.

O extremo sul do abismo era uma vasta região de fogo chamada Muspelheim. Entre as duas, onde a névoa fria de Niflheim encontrou as faíscas quentes de Muspelheim, ocorreu um degelo, e gotas derretidas de gelo formaram o primeiro gigante, Ymir (ou Aurgelmir, "Mud Seether").

Após a criação de Ymir, as gotas formaram outro ser, uma enorme vaca. Segundo o 'Prose (ou Younger) Edda', "A próxima coisa, quando o rime gotejou, foi que dela surgiu uma vaca chamada Audhumia, e quatro rios de leite correram de suas tetas".

Ymir foi capaz de se alimentar do leite que fluía dos úberes da Audhumia. Mas quando Ymir dormiu, ele começou a suar. De baixo de seu braço esquerdo emergiu um homem e uma mulher, enquanto seus pés se acasalavam um com o outro e produziam um filho. Dessas criaturas desceu a raça dos jotuns, ou gigantes da geada do mal.

Audhumia se alimentava lambendo os blocos de gelo pedregoso, que tinham sabor salgado. No local que ela lambeu, o cabelo de um homem emergiu ao final do primeiro dia. Ela continuou lambendo e, na noite do segundo dia, uma cabeça havia aparecido.

No terceiro dia, todo o homem emergiu. Ele era Buri (também se soletra Bure ou Bori). Ele era forte, bonito e bom. Ele tinha um filho chamado Bor, que se casou com uma gigante chamada Bestla. Eles tiveram três filhos, Odin, Vili e Ve, que foram os primeiros da raça dos deuses. Eles eram os eternos inimigos dos gigantes da geada, e na primeira batalha entre eles, os três irmãos mataram Ymir; de seu corpo criaram o mundo, o mar e o céu.

1) Se os Deuses Nórdicos são reais, quem você gostaria de convidar para jantar esta noite?
2) Com quem seria o melhor Deus Nórdico para ir de férias?

Buri

Também se escreve Bori, ou Bure.

Deus dos deuses

Buri é o progenitor dos deuses. Ele foi o pai de Bor e o avô do deus principal, Odin.

De acordo com a 'Prose (ou Younger) Edda', Audhumia, uma enorme vaca, foi criada no início dos tempos. Ela se alimentava lambendo blocos de gelo pedregoso, que tinha um sabor salgado para ela. No local que ela lambeu, o cabelo de um homem emergiu ao final do primeiro dia. Ela continuou lambendo e, na noite do segundo dia, uma cabeça havia aparecido. No terceiro dia, o homem inteiro emergiu. Ele era o Buri. Ele era forte, bonito e bom. Buri teve um filho, Bor, que casou com uma gigante chamada Bestla. Eles tiveram três filhos: Odin, Vili e Ve. Estes foram os primeiros da raça dos deuses.

Questões de pesquisa

---

1) Se você fosse um deus ou deusa nórdica, quem você escolheria e por quê?
2) Como alguém se torna um deus na mitologia nórdica?

Bor

Também se soletra Bur.

O filho de Búri, arquiteto de Asgard

Bor é um dos primeiros seres. Bor era o filho de Buri, e era o pai dos deuses Odin, Vili, e Ve.

Pouco é dito na literatura sobrevivente sobre Bor. Ele casou-se com Bestla, uma filha dos primeiros gigantes da geada, e seus três filhos foram o início da raça dos deuses conhecidos como os Aesir, os principais deuses dos Vikings.

Na literatura nórdica, Odin e seus irmãos, que mais tarde criaram os primeiros seres humanos, são frequentemente referidos como os filhos de Bor.

Questões de pesquisa

---

1) Que mitos escandinavos você mais aprecia?
2) O que é um equívoco comum sobre esses mitos?
3) Como os deuses noruegueses são diferentes das divindades gregas?

Valquírias

Belas donzelas que escolhem os heróis a serem mortos em batalha e os conduzem a Valhalla

As Valquírias são filhas do deus principal Odin, muitas vezes chamadas de donzelas de Odin, eram chamadas de Valquírias (Old Norse Valkyrjr, "choosers of the slain"). A seu bel-prazer, elas voavam em seus cavalos sobre os campos de cada batalha para escolher as almas dos mortos heróicos. Eles levaram essas almas para Valhalla, o salão de banquetes de Odin, no reino celestial de Asgard.

Ali os guerreiros se tornaram membros do Einherjar, companheiros de Odin e da banda de combate. Valquírias também tinham o poder de determinar quem seriam os vencedores e quem seriam os derrotados em tais conflitos. A crença na existência de amazonas mágicas do céu era generalizada na Escandinávia e nas culturas germânicas, embora elas fossem chamadas por nomes diferentes.

As Valquírias foram retratadas como mulheres jovens, bonitas, mas ferozes, que se vestiam esplendidamente com armadura e espadas cheias quando montavam seus cavalos. Elas também podiam se transformar em lobos ou corvos. Os Vikings acreditavam que quando um valente guerreiro estava prestes a morrer no meio da batalha, ele veria de repente a figura de uma Valquíria, lá para levá-lo ao céu e transportá-lo para Valhalla. Para todos os outros na briga, ela permaneceria invisível. Antes das batalhas, foi invocado o nome de Odin, para que ele pudesse enviar as Valquírias para escolher o melhor daqueles lutadores que morreriam.

Os nomes das Valquírias variam na literatura sobrevivente. Entre elas estavam Hrist (Shaker) e Mist (Névoa), que trouxeram Odin seu chifre, Skeggjold (Ax Time), Skogul (Raging), Hild (Warrior), Thrud (Might), Hlokk (Shrieking), Herfjotur (Host Fetter), Goll (Screaming), Geirahod (Spear Bearer), Randgrid (Shield Bearer), Radgrid, Reginleif, Gunn (Battle), e Rota. Skuld, a mais nova das Nornas, também montou com as Valquírias. A deusa Freya também pesquisou os campos de batalha em busca de almas corajosas, em uma carruagem dirigida por dois gatos; de acordo com Odin, ela mesma tinha direito à metade dos heróis mortos, trazendo-os não para Valhalla, mas para seu próprio salão de banquetes, Sessrumnir.

Quando não reuniam almas dos campos de batalha, as Valquírias passavam seu tempo no enorme salão dourado de Valhalla, grande o suficiente para manter todos os guerreiros que as Valquírias alguma vez trariam para lá. Em Valhalla, o papel das Valquírias era servir cerveja e hidromel a Odin e ao Einherjar, que se banqueteavam e se engajavam em bebedeiras sagradas e rabugentas.

O mais famoso das Valquírias foi Brynhild (também conhecido como Brünnehild, Brunhild ou Brunhilda), que aparece em vários mitos e lendas. De acordo com a 'Volsunga Saga' islandesa, ela era a líder das Valquírias. Embora ela fosse a favorita de Odin, uma vez ela desobedeceu às suas ordens sobre quem deveria viver e quem deveria morrer, e assim incorreu em sua ira. Ele a puniu colocando-a em um sono mágico, rodeada por um anel de fogo. Somente um herói destemido o suficiente para enfrentar as chamas teria o poder de despertá-la.

1) Quais são os benefícios ou inconvenientes de estar em Valhalla?
2) Você acha que Valhalla é uma boa idéia para a sociedade?

Brynhild

Também se soletra Brunhild.

Uma mulher guerreira, uma das Valquírias, e filha de Odin

Brynhild é uma das Valquírias, filha do deus principal Odin. De acordo com a épica Saga Volsunga, ela era a favorita de Odin até desobedecer a ele. Ele a colocou para dormir rodeada por um anel de fogo, que só o herói mais corajoso poderia atravessar. Em algumas lendas nórdicas, a donzela sobrenaturalmente poderosa era filha do rei Buthli e irmã de Atli, rei dos hunos.

Na tradição nórdica, o herói Sigurd, após matar o dragão Fafnir, cavalgou seu cavalo, Grani, através das chamas que circundavam Brynhild. Quando ele desembainhou sua espada e cortou seu casaco de malha, Brynhild acordou. Os dois se apaixonaram e passaram três noites juntos, com a espada de Sigurd entre eles enquanto dormiam.

Sigurd deu a Brynhild o anel mágico dos Nibelungs antes de ir para a corte do rei Giuki, onde ele recebeu uma bebida mágica que o fez esquecer sua promessa a Brynhild. Com o tempo, ele casou-se com a filha de Giuki Gudrun, e depois ajudou o irmão de Gudrun, Gunnar, a conquistar Brynhild para si mesmo.

Sigurd acompanhou Gunnar de volta ao anel de fogo do Brynhild. O cavalo de Gunnar se recusou a saltar para o anel de fogo. Disfarçado de Gunnar,

Sigurd cavalgou através das chamas sem hesitar. Enganado ao pensar que era Gunnar quem se mostrara digno de sua mão, Brynhild casou-se com Gunnar.

Desconhecendo que seu amor Sigurd havia recebido uma poção para esquecê-la, Brynhild infelizmente resignou-se ao seu casamento com Gunnar. Mas quando Brynhild descobriu como ela havia sido enganada para casar-se com Gunnar, sua humilhação e ressentimento tornaram-se um ódio direto contra Sigurd. Em algumas versões, Brynhild incitou o irmão de Gunnar Hogni a matar Sigurd, em outras, Hogni e Gunnar convenceram seu meio-irmão Guttorm a cometer o assassinato. Brynhild, sua busca de vingança contra Sigurd conseguiu, apunhalou-se e foi queimada na pira funerária de Sigurd.

Brynhild é chamado de Brunhild no épico alemão Song of the Nibelungs (Nibelungenlied). A versão germânica enfatiza sua perda de habilidades mágicas ao se submeter a um homem, seu ciúme corrosivo contra Kriemhild, a esposa de Siegfried (Sigurd), e sua furiosa vontade de vingança quando ela descobre que foi enganada para casar com o homem errado.

No Canto dos Nibelungs, Kriemhild e Brunhild discutem fora da igreja sobre seu status, já que Brunhild foi levado a acreditar que Siegfried é um vassalo de Gunther (Gunnar), quando na verdade ele é igual a Gunther. Quando ela percebe como foi enganada, Brunhild convence Hagen (Hogni) de que ele deveria matar Siegfried.

Quando Gunther, Hagen e Siegfried vão caçar no Odenwald, Hagen passa uma lança por Siegfried enquanto ele se curva para beber de uma fonte. Nesta versão, Brunhild é exultante com a notícia da morte de Siegfried, e ela não comete, como na versão norueguesa, suicídio em sua pira.

---

1. Quem são alguns outros guerreiros famosos de Valhalla?
2. Como você entra em Valhalla?

Asgard
A morada dos deuses de Aesir

Asgard é a morada dos deuses de Aesir. Segundo Snorri Sturluson, autor do livro "Prose (ou Younger) Edda", Asgard foi o último lugar criado pelos deuses, depois que eles fizeram a terra, os mares, o céu, Jotunheim (Giantland), Midgard (Terra Média, que se tornaria o lar dos humanos), e as nuvens.

Asgard era uma fortaleza gigantesca montada em penhascos íngremes que se elevavam do centro do mundo. Todos os deuses e seus descendentes viviam lá. Era pensada como uma cidadela imponente subindo de Midgard, suas paredes eram tão altas que desapareciam nas nuvens. Asgard tinha que ser muito alta para mantê-la a salvo da invasão e da invasão dos inimigos dos deuses, os gigantes da geada.

Em Asgard estava o trono do rei dos deuses, Odin. Este trono se chamava Hlidskjalf, e foi colocado em um belo prado chamado Idavoll. Um salão chamado Valaskjalf, feito de prata brilhante, foi construído para cercar o trono. Quando Odin sentou-se em Hlidskjalf, ele podia ver o panorama do mundo inteiro, do céu e da terra, e de tudo o que acontecia em todos os lugares.

Havia também um magnífico salão, feito inteiramente de ouro puro, chamado Gladsheim (Glittering Home). Em Gladsheim havia tronos para Odin e para os 12 deuses mais altos. Vingolf, o salão da amizade, era o salão das deusas. Todos os dias, os deuses e deusas se reuniam em Asgard em sua sede de julgamento no Poço de Urd, para se encontrar e discutir o que estava acontecendo no mundo e o que, se alguma coisa, deveriam fazer a respeito.

O maior e mais famoso edifício de Asgard era Valhalla, o salão de banquetes. Aqui Odin realizava festas onde o Aesir e o Einherjar, as almas dos guerreiros que tinham morrido corajosamente em batalha, comiam juntos em comunhão e alegria. Valhöll, o antigo termo islandês para Valhalla, significa "salão dos mortos". Havia duas barreiras significativas para a entrada de Valhalla: Thund, um rio rugindo, e Valgrind, um portão barrado.

O salão em si era tão grande que, segundo alguns relatos, tinha 540 portas. Cada uma destas portas era tão larga que os exércitos de guerreiros podiam marchar entre seus portais a 800 metros de distância. (Em outros relatos, Valhalla tinha até 640 portas, cada uma com largura suficiente para acomodar 960 guerreiros). As donzelas de Odin, as Valquírias, reuniam as almas desses valentes guerreiros que haviam sido fiéis a Odin ao caírem nos campos de batalha, e as levavam para Valhalla. Os homens mortos seriam capazes de reconhecer o enorme salão enquanto voavam em direção a ele por suas jangadas feitas de lanças, e suas telhas feitas de escudos. No interior, as bancadas das longas mesas de banquete eram cobertas com camadas de correio.

Para chegar a Asgard, era preciso percorrer Bifrost, a ponte do arco-íris que ligava o reino dos deuses a Midgard, o lar dos humanos.

---

1. Como é Asgard?
2. Quais são alguns dos trabalhos que você pode fazer em Asgard?

Valhalla
O salão dos guerreiros caídos

Valhalla é o salão de banquetes onde o deus principal, Odin, foi anfitrião do Einherjar, as almas dos guerreiros que haviam morrido corajosamente em batalha.

Valhalla era o maior edifício em Asgard, o lar celestial dos deuses, e constituía um dos 12 reinos de Asgard. Ali o Einherjar festejava enquanto aguardava a batalha final do mundo, Ragnarok. Os Einherjar foram trazidos para Valhalla pelas donzelas guerreiras de Odin, as Valquírias, que foram enviadas por Odin para reunir as almas dos heróis enquanto caíam nos campos de batalha.

O nome Valhalla é derivado do antigo termo islandês Valhöll, que significa "salão dos mortos". Os Vikings nórdicos eram um povo guerreiro, e em sua religião guerreira, as histórias de Valhalla desempenharam um papel importante. Não havia outro "céu", e os guerreiros que não morriam corajosamente em batalha iam para o obscuro e miserável submundo. E, ao contrário do conceito cristão de céu, Valhalla em si não era um lugar de recompensa eterna.

A proteção das entradas de Valhalla era a barreira natural do rio Thund e do portão barrado Valgrind. Por um lado, o próprio salão era tão grande que tinha 540 portas, cada uma tão larga que 800 guerreiros podiam marchar por ele lado a lado. Outro relato coloca o número de portas em

640, cada uma com largura suficiente para acomodar 960 guerreiros do outro lado.

O enorme salão de Valhalla tinha vigas feitas de lanças e telhas feitas de escudos. Dentro do salão, as bancadas das longas mesas de banquete eram cobertas com camadas de correio. As Valquírias continuavam trazendo cada vez mais guerreiros mortos para o salão, mas havia sempre comida e bebida mais do que suficiente para circular.

Em Valhalla, Odin reunia todos os dias seus campeões guerreiros ao seu redor. Ao amanhecer, eles saíam, vestidos com suas correntes e lutavam na planície de Asgard para manter sua habilidade e prepará-los para o dia em que lutariam a batalha final, Ragnarok. Os guerreiros desfrutavam destas batalhas, mesmo quando eram feridos ou mortos nelas. Após a prática, aqueles que haviam sido abatidos se levantariam milagrosamente de novo, prontos para retomar sua luta na manhã seguinte. Então todos eles voltaram a Valhalla para banquetear e carruagem.

As Valquírias serviam a comida para o Einherjar, e sempre havia comida mais do que suficiente em Valhalla. Todas as manhãs, o cozinheiro Andrimne, ou Andhrimnir, preparava um guisado a partir da carne do javali Særimne, ou Saehrimnir, no enorme caldeirão Eldrimne, ou Eldhrimnir. Todas as noites o javali estava inteiro e vivo novamente e podia ser cozido novamente no dia seguinte.

Havia muita bebida neste "céu" guerreiro. Os Einherjar lavavam sua carne com cerveja e hidromel cintilante. O hidromel era produzido como leite dos úberes da cabra Heidrun. Esta cabra estava no teto de Valhalla, mordiscando galhos da árvore Lærad, ou Laeradr. As quantidades prodigiosas de hidromel correram da Heidrun para dentro de um recipiente tão grande que todos tinham tudo o que podiam querer beber. O próprio Odin não comeu, embora o deus zarolho tenha se sentado à frente da festa com seus dois corvos, Huginn (Pensamento) e Muninn (Memória), empoleirados nos dois ombros; enquanto os guerreiros festejavam juntos, os corvos lhe trouxeram notícias do mundo. Os dois lobos de Odin, Geri (Greddy) e Freki (Fierce), sentaram-se a seus pés, e Odin deu-lhes toda a sua comida. Ele bebeu vinho, porém, e isso forneceu todo o alimento que o deus necessitava.

Segundo a lenda, este padrão de luta e festa se repetiria até Ragnarok, quando o canto do galo Gullinkambi (Pente de Ouro) marcaria o início da grande batalha entre os deuses e os poderes do mal. Então os Einherjar marchariam para fora de Valhalla para lutar ao lado de Odin e dos outros deuses, enquanto seus infelizes homólogos no submundo teriam que lutar ao lado dos monstros e gigantes.

Questões de pesquisa

---

1) Quem é o governante de Valhalla de acordo com a mitologia nórdica?
2) Como você acha que é Valhalla?
3) Quem você escolheria para convidar para Valhalla?
4) Se lhe foi dada uma escolha, qual plano de existência da mitologia norueguesa você prefere, e por quê?

Norns

Seus nomes eram Urdr (também escrito Urdr, ou Weird, que significa
"Passado"), Verdande ("Presente"), e Skuld ("Futuro").

Três seres femininos que governam o destino de deuses e homens

As Norns são três mulheres fiandeiras sábias que determinaram cada
expectativa de vida. Uma girava o fio de cada vida, outra media seu
comprimento e a terceira decidia quando o fio deveria ser rompido.

Eram retratadas como bruxas envelhecidas, de cabeça cinzenta, e eram
respeitadas por todos pelo imenso poder que possuíam sobre os destinos
tanto dos deuses como dos humanos. Uma vez que as Nornas tivessem

decidido o destino de alguém, esse destino não poderia ser mudado. Até mesmo o deus principal, Odin, estava sujeito ao seu poder.

As Norns viviam em um grande salão em Asgard perto do Poço de Urdarbrunn (Urdarbrunn, ou Poço de Weird). Estas três Nornas cuidavam da saúde da Árvore do Mundo, Yggdrasil. Elas evitaram que ela murchasse. Todos os dias eles extraíam água do Poço de Urd e aspergiam-na sobre a árvore, e remendavam a argila do poço para o tronco da árvore em lugares onde a casca tinha apodrecido ou sido comida por animais. Como as raízes e ramos de Yggdrasil ligavam todos os mundos e mantinham o universo unido, as Nornas eram assim responsáveis pela preservação do tecido de toda a criação.

De acordo com a Prosa (ou Younger) Edda, embora Urd, Verdande e Skuld fossem as Norns principais, havia muitas outras Norns também, algumas boas e outras más, e sempre que alguém nascesse, uma Norn estaria lá para moldar a vida dessa pessoa e determinar seu destino.

Mesmo as origens das Nornas poderiam ser diferentes; algumas eram de origem divina, outras eram originárias dos elfos e dos anões. Acreditava-se que as Boas Nornas, de ascendência nobre, davam forma a vidas boas, enquanto que as más Nornas eram responsáveis pelo infortúnio.

Questões de pesquisa

1) Quem é um de seus povos favoritos ou deuses/deusas da mitologia nórdica, e por quê?
2) Quais são alguns fatos divertidos sobre a mitologia norueguesa?

Ajuda
O nome do mundo dos mortos

Hel é o reino dos mortos, presidido pela deusa do mesmo nome.

A antiga palavra nórdica *hel* foi derivada da antiga *halja,* que significava "lugar de ocultação", que, por extensão, incluía a sepultura ou o submundo. Os povos nórdicos conceberam Hel como um lugar de denso nevoeiro e frio intenso, associado e localizado dentro do vasto e primordial deserto congelado conhecido como Niflheim.

A entrada para Hel do mundo dos vivos era uma caverna negra cercada por penhascos e barrancos íngremes, guardada por Garm, um cão de caça malvado e manchado de sangue.

De acordo com o 'Prosa (ou Younger) Edda', o deus Hermod cavalgou em Hel numa busca para trazer o condenado deus Balder de volta dos mortos. Embora ele tenha cavalgado no cavalo mais rápido do mundo, Sleipnir, a viagem o levou nove noites, viajando por vales tão escuros e profundos que ele não podia ver nada. Então ele chegou ao rio Gjol (também escrito Gioll ou Gjoll) cujo nome significa "uivar".

Era preciso atravessar a ponte Gjol, que estava coberta de ouro brilhante e guardada por uma donzela chamada Modgud (ou Módgudr). Ela pediu àqueles que desejassem cruzar seu nome e sua linhagem. Além da ponte se continuaria para baixo e para o norte, em uma estrada que levava a um enorme portão trancado. Este era o Hel Gate. Desde que Hermod montou Sleipnir, ele foi capaz de saltar sobre o portão.

Em pé dentro do portão, estava o salão da deusa Hel. Foi aqui que ela, como governante do submundo, viveu e cumprimentou os mortos que chegaram a seu domínio. Por alguns relatos, todos os que morreram de doença e velhice estavam destinados a ir para Hel.

Outros relatos enfatizaram Hel como um lugar de punição para os criminosos e, particularmente durante a era Viking, como um lugar onde aqueles guerreiros que não morriam em batalha, e por isso não podiam entrar em Valhalla, viveriam na miséria até Ragnarok, o fim do mundo. Na época de Ragnarok, eles seriam chamados a marchar em suas legiões e seguir o malvado Loki na batalha contra os deuses.

Questões de pesquisa

1) O que a Hel representa?
2) O que determina se alguém entra ou não em Valhalla ou Hel?

Ragnarok
A batalha no fim do mundo

Ragnarok se refere à batalha no fim do mundo; literalmente, "a perdição dos poderes divinos". Segundo a tradição nórdica, no fim do mundo, haveria uma terrível batalha entre as forças do bem e do mal.

Os deuses e seus aliados lutariam até a morte contra seus inimigos de longa data, os gigantes e monstros. Não só os deuses e gigantes pereceriam nesta conflagração apocalíptica, mas tudo no universo seria despedaçado.

Nas sociedades guerreiras vikings, morrer em batalha era um destino a ser admirado, e isto era levado para a adoração de um panteão no qual os próprios deuses não eram eternos, mas um dia seriam derrubados, em Ragnarok. Exatamente o que aconteceria, quem lutaria contra quem, e os destinos dos participantes desta batalha eram bem conhecidos dos povos nórdicos a partir de suas próprias sagas e poesias esquálidas.

Sinais da vinda de Ragnarok seriam evidentes para todos. Primeiro, haveria uma grande disputa por três invernos, durante os quais o tecido social se desfaria; irmãos matariam irmãos, pais e filhos matariam uns aos outros, os votos não seriam mais cumpridos, e a depravação e o caos aumentariam por toda parte.

Em seguida, três invernos ocorreriam juntos, sem nenhum verão entre eles. Este seria o inverno Fimbul (Misterioso, ou Monstruoso, Inverno); uma neve penetrante voaria em todas as direções, acompanhada de terríveis geadas e ventos bruscos.

O lobo que perpétuamente perseguia o sol o pegaria e o engoliria, e o outro lobo do céu pegaria a lua. As estrelas desapareceriam. Então, a Terra inteira tremeria, as árvores seriam arrancadas e as montanhas cairiam, fazendo com que todos os grilhões e laços se rompessem. Isto libertaria os monstros - incluindo o lobo Fenrir e seu pai, Loki-que tinha sido amarrado pelos deuses. Os olhos e as narinas de Fenrir queimariam com fogo, e as mandíbulas abertas de sua boca raspariam a Terra e o céu.

O oceano subiria sobre as terras porque outro dos filhos de Loki, a serpente Jormungand, subiria de seu profundo leito oceânico para a terra em fúria, carregando o céu e o mar com seu veneno. O barco terrível Naglfar, feito de pregos de homens mortos, seria solto de seus ancoradouros, e carregaria um exército de gigantes da geada, com seu capitão, Hrym, ao leme.

Em meio a este tumulto, o céu se abriria e a partir dele cavalgariam os gigantes do fogo, liderados por Surt com sua espada abrasadora. Tudo em seu caminho subiria em chamas. Os gigantes do fogo cavalgariam sobre Bifrost, a Ponte do Arco-Íris que levava ao céu, derrubando-a em chamas ao cruzarem.

As forças do mal, incluindo Loki, liderando um exército de todas as almas que haviam estado em Hel, se reuniriam em um enorme campo chamado Vigrid. Heimdall seria o primeiro dos deuses a ver o inimigo se aproximando, e ele sopraria poderosamente sobre Gjallarhorn para alertar todos os deuses. Rapidamente, eles teriam um parlamento e Odin iria até o poço de Mimir para consultar Mimir em seu próprio nome e em nome de seu povo.

Então a Árvore do Mundo, o Yggdrasil de cinza que conecta e sustenta todas as partes do universo, gemeria e tremeria, e todas as criaturas se tornariam temerosas. Os deuses de Aesir vestiriam seu traje de batalha.

Odin levaria o Einherjar, as almas dos heróis mortos, para a batalha, usando seu capacete dourado, seu casaco de correio e carregando sua lança, Gungnir. Thor avançaria ao lado de Odin.

Odin atacaria o gigantesco lobo Fenrir. Thor não seria capaz de ajudar seu pai porque estaria noivo de seu velho inimigo Jormungand. Frey lutaria contra Surt e seria morto por falta de sua espada mágica.

O infernal Garm lutaria contra Tyr e eles se matariam uns aos outros. Thor sairia vitorioso sobre a serpente, mas cairia ele mesmo morto do veneno que a serpente cuspiu nele, depois de se afastar a apenas nove passos de seu corpo.

Fenrir engoliria Odin. Imediatamente o filho de Odin, Vidar, se adiantaria e pisaria na mandíbula inferior do lobo. Com uma mão ele agarraria a mandíbula superior do lobo e rasgaria sua boca, matando-o finalmente. Loki lutaria contra o deus Heimdall, e ambos morreriam.

Depois disso, Surt atirava fogo sobre a Terra e queimava o mundo inteiro. Os humanos pereceriam junto com os deuses e todas as outras criaturas. Mas o mal também pereceria, e de acordo com os dois Eddas, um universo melhor e pacífico se reuniria após a destruição do velho.

Uma nova Terra surgiria do mar, verde e em crescimento, e as colheitas cresceriam sem terem sido semeadas. O prado Idavoll, no agora destruído Asgard, teria sido poupado. O sol reapareceria porque antes de ser engolido pelo lobo, Alfrodul (outro nome para o sol) daria à luz uma filha tão bela quanto ela mesma, e esta filha virgem cavalgaria na estrada de sua mãe no novo céu.

Alguns deuses também teriam sobrevivido: os filhos de Odin Vidar e Vali; os filhos de Thor Modi e Magni, que agora teriam o martelo mágico de seu pai, Mjolnir; e mais importante, Balder e seu irmão Hod, que viriam de Hel e morariam no antigo salão de Odin nos céus.

Estes sobreviventes sentavam-se juntos, discutiam seus mistérios e falavam sobre as coisas que haviam acontecido. Na grama de Idavoll, eles encontrariam as peças douradas que o Aesir havia usado para brincar com as correntes de ar.

Os humanos reapareceriam porque dois deles, Lif e Lifthrasir, teriam sobrevivido se escondendo durante o cataclismo, em um lugar chamado Holt de Hoddmimir, uma pequena mata de árvores. Eles viveriam do orvalho da manhã e repovoariam o mundo dos humanos e adorariam seu novo panteão de deuses, liderados por Balder.

Haveria ainda muitos salões para abrigar as almas dos mortos. De acordo com a PROSA EDDA, outro céu existia ao sul e acima de Asgard, chamado Andlang, e um terceiro céu mais acima, chamado Vidblain; e estes lugares ofereceriam proteção enquanto os fogos do Surt queimavam o mundo. Segundo ambos EDDAS, depois de Ragnarok, o salão de Gimle seria o melhor lugar para se estar no céu.

Brimir, outro lugar no céu, seria um salão onde seria servida muita bebida boa. Um salão chamado Sindri, construído de ouro vermelho, abrigaria as almas dos bons e virtuosos. A PROSA EDDA também menciona Nastrand (ou Nastrond, "Corpse Strand"), um grande salão voltado para o norte, cujas paredes seriam tecidas de cobras.

As cabeças das cobras ficariam todas de frente para o interior do salão, cuspindo veneno, de modo que rios de veneno corressem para dentro. Aqui as almas dos assassinos e dos que quebram o juramento seriam forçados a vaguear para sempre por esses fluxos de veneno. E no pior lugar de todos, Hvergelmir, a serpente Nidhogg, também aparente sobrevivente de Ragnarok, atormentaria os corpos dos mortos.

Questões de pesquisa

---

1. O que você acha do Ragnarok?
2. Quais duas forças lutam na mitologia nórdica?
3. Se eu pudesse lhe dizer algo sobre o Ragnarok que as pessoas talvez não soubessem - o que seria?

Aesir

Também grafado Æsir.

A principal raça de deuses, liderada por Odin

Os Aesir são um dos dois grupos distintos de deuses, o Aesir e o Vanir. Os Aesir eram principalmente deuses de batalha, enquanto os Vanir eram associados à agricultura, saúde e prosperidade.

As histórias da literatura nórdica são principalmente histórias do heróico Aesir, os deuses guerreiros, embora também mencionem alguns deuses Vanir que viveram entre os Aesir. O Aesir habitava em um reino celestial chamado Asgard.

Os primeiros Aesir foram o feroz Odin, o deus chefe, e seus dois irmãos, Vili e Ve, que juntos criaram os primeiros humanos. A esposa de Odin, Frigg, e todos seus descendentes, e muitos outros deuses e deusas também pertenciam ao Aesir.

Entre eles estavam o deus lutador e trovão Thor; o belo mas condenado deus Balder; Bragi, o deus da poesia; Forseti, deus da justiça; Heimdall, o vigia dos deuses; o deus da guerra Tyr; Idunn, guardião das maçãs da juventude; Sif, Thors, esposa de cabelos de ouro; o deus do inverno Ull; Vali, o vingador; Vidar, o deus do silêncio; e a deusa da terra Jord.

De acordo com a tradição, há muito tempo os Aesir e os Vanir travaram uma guerra. Em um relato, a guerra começou quando os Vanir atacaram a Aesir porque a Aesir havia torturado a deusa Gullveig, uma sacerdotisa ou feiticeira Vanir. Os Vanir ultrajados exigiam satisfação monetária ou status igual ao dos deuses. Mas o Aesir recusou, e declarou guerra ao Vanir. Ambos os lados lutaram corajosamente e, apesar de suas proezas em combate, o Aesir sofreu numerosas derrotas. A maioria dos relatos diz que a guerra terminou em tréguas quando nenhum dos lados pôde marcar uma vitória decisiva.

Foi acordado que, para preservar a paz, cada lado faria reféns do outro. Assim, os deuses Aesir Hoenir e Mimir foram enviados para viver entre os Vanir, enquanto o deus marinho Njord Vanir, e seus dois filhos, Frey e Freya, se estabeleceram entre os Aesir. Posteriormente, estes deuses Vanir seriam associados com o Aesir.

A paz foi simbolicamente restaurada por um ritual no qual ambos os lados cuspiram em Odherir, um caldeirão mágico, misturando sua saliva. De sua saliva combinada, formou-se um deus-poeta chamado Kvasir, que era o mais sábio dos sábios. Em alguns relatos, Kvasir era ele mesmo um anão, em outros foi morto por anões. Seu sangue foi misturado com mel e resultou em um hidromel mágico que inspirou qualquer um que o bebesse a falar com poesia e sabedoria.

O Aesir e o Vanir tinham um inimigo mútuo nos gigantes da geada. Estes gigantes eram os descendentes do gigante mais antigo, Ymir.

Tanto o Aesir quanto o Vanir estavam condenados a serem destruídos no Ragnarok (o fim do mundo). No dia do Ragnarok, as forças do mal - incluindo os gigantes da geada e outros monstros - se engajariam em uma luta até a morte contra os deuses e seus aliados.

Os Einherjar, as almas dos guerreiros que morreram em batalha e foram trazidos a Valhalla pelas donzelas de Odin, as Valquírias, lutariam naquele dia ao lado dos deuses neste conflito apocalíptico final. As histórias do guerreiro Aesir, são contadas no Edda Poético (ou Ancião) e no Edda Prosa (ou Mais Jovem).

Os estudiosos têm especulado que a Aesir e Vanir podem representar duas culturas distintas que se fundiram no início da história nórdica, e a antiga batalha mítica entre a Aesir e Vanir e suas eventuais tréguas poderia refletir pelo menos em parte a fusão histórica dos dois grupos. O historiador islandês Snorri Sturluson pensava que a palavra Aesir pode ter sido derivada da palavra Ásia; o Vanir pode ter sido um grupo que entrou na Europa a partir da Ásia Menor.

A proeminência do heróico Aesir na mitologia e na literatura dos Eddas nórdicos pode muito bem estar relacionada à ascensão da aristocracia guerreira durante a expansiva Era Viking, uma era na qual uma religião guerreira provavelmente espalharia sua influência e viria a dominar uma sociedade agrícola mais estabelecida, como a associada aos Vanir.

Questões de pesquisa

---

1) O que você acha que os gigantes pensam dos deuses de Aesir?
2) Qual divindade foi expulsa de Asgard por outro deus?
3) Quem é seu deus ou deusa Norse Aesir menos favorito?

Enfardadeira

Também se escreve Baldur ou Baldr.

Deus de beleza, amor, pureza, paz, retidão

Balder é o segundo filho de Odin. Altamente considerado pelos Vikings, Balder era conhecido como Balder o Bom; ele era a encarnação da beleza, da justiça e da gentileza. Balder não tinha defeitos e abrigou malícia para ninguém.

Balder era o marido da deusa Nanna e o pai de Forseti, o deus da justiça e da conciliação. Ele vivia em uma mansão no céu chamada Breidablik (Broad Gleaming), um lugar onde nenhuma coisa impura ou maligna era permitida.

A história da morte de Balder, contada na 'Prosa (ou Younger) Edda', é um dos mais completos mitos nórdicos sobreviventes. Balder sonhava que estava em grande perigo. Ele contou seus sonhos aos outros deuses e deusas, e eles reuniram seu conselho em Asgard para deliberar sobre o que fazer. Eles decidiram que, para impedir a realização desses sonhos, pediriam a tudo no mundo para não lhe fazer mal.

Frigg, a mãe de Balder, viajou por toda parte na Terra, obtendo juramentos de todas as criaturas e de todas as coisas - incluindo animais, pássaros, cobras, serpentes, fogo, água, ferro, minérios, árvores, pedras e venenos - jurando que não fariam mal a Balder, já que Balder nunca havia feito mal a um único ser. Depois deste juramento, os deuses se sentiram mais seguros.

Como nada machucaria Balder, os deuses começaram a se divertir atirando armas e atirando flechas sobre ele por esporte. Tudo o que eles atiravam nele era simplesmente desviado.

Mas Loki, o deus do fogo trapaceiro, não estava satisfeito que Balder fosse imune a ferimentos. Ele se disfarçou de velho e foi para Frigg, ganhando sua confiança. Frigg admitiu que ela havia feito uma exceção ao juramento: o fino rebento de uma árvore de visco, porque parecia muito jovem para ter que fazer um voto.

Loki saiu imediatamente, reuniu um eixo de visco, e o levou de volta à assembléia onde os deuses ainda se entretinham. Loki se aproximou do deus cego Hod (ou Hoder), outro dos filhos de Odin, que estava do lado de fora da multidão. Ele deu a Hod o eixo do visco e se ofereceu para guiar seu objetivo. O míssil voou através de Balder, que caiu morto no chão.

Os deuses, tomados de choque e tristeza, enviaram o filho de Odin Hermod, o Rápido, ao submundo para resgatar Balder de Hel, a rainha do submundo. Hel não foi antipática; ela disse que permitiria que Balder voltasse para Asgard se todas as coisas no mundo, vivas e mortas, chorassem por ele, mas se uma única coisa se recusasse ou objetasse, Balder deveria permanecer no submundo.

Os deuses enviaram mensageiros a todos os cantos do mundo. Apenas uma gigantesca se recusou a chorar por Balder. Ela disse que seu nome era Thokk (ou Obrigado), mas pensava-se que ela era Loki disfarçada. Balder, portanto, teve que permanecer no submundo. Após sua morte, foi dito que não haveria mais felicidade, justiça ou beleza perfeita no mundo.

Loki foi capturado e preso por suas más ações, para não ser libertado novamente até a grande batalha de Ragnarok. Após esta batalha no fim do mundo, haveria um renascimento da Terra e Balder voltaria a viver novamente no céu.

1) Quais são alguns outros fatos que você conhece sobre Baldr?
2) Por que Loki matou Baldr (Baldur)?

Bragi

Deus do conhecimento, da poesia, da eloquência e o patrono dos skalds

Bragi é o deus da poesia. Ele foi venerado por sua sabedoria, sua eloquência, sua capacidade de compor e recitar, e seu conhecimento de poesia. Ele também era o deus da cerimônia e o deus dos skalds (bardos).

De acordo com o 'Prose (ou Younger) Edda', foi por causa de Bragi que a poesia foi chamada de brag, e uma pessoa, independentemente do sexo, foi dita ser um brag (chefe) de homens ou mulheres se ele ou ela se sobressaía em eloquência.

A esposa de Brag era a deusa Idunn, que guardava as maçãs da juventude que os deuses comiam a fim de evitar o envelhecimento. Assim, a poesia estava ligada à fonte da eterna juventude.

Bragi era também o nome de um famoso poeta norueguês do século IX, o skald Bragi Boddason, que inventou um certo tipo de estrofe. É possível que ele se tenha deificado após sua morte; o deus Bragi parece ser um desenvolvimento tardio no imaginário escandinavo, e Odin, o deus principal, também foi identificado como o deus padroeiro da poesia esquálica.

Questões de pesquisa

---

1) Quais são seus fatos favoritos sobre Bragi?
2) Qual você acha que é a relação entre os trolls e os deuses nórdicos?

Forseti

Também se escreve Forsete.

Deus da justiça

Forseti é o deus da justiça e da conciliação. Ele era o filho do condenado mas amado deus Balder e sua esposa, Nanna. A casa de Forseti em Asgard (céu) era um grande salão chamado Glitnir, que era sustentado por pilares dourados e tinha um teto de prata.

Lá Forseti ouviu casos e resolveu todas as disputas legais, por mais difíceis que fossem, para a satisfação de todos.

Questões de pesquisa

1) Qual é a diferença entre um deus e uma deusa?
2) Qual é seu nome favorito Viking ou Norse?

Heimdall

Também se soletra Heimdal ou Heimdallr.

Deus guardião

Heimdall é um dos Aesir, vigia dos deuses, guardião do reino celestial de Asgard, e governante dos lugares santos. Seu pai era o deus principal, Odin, e de acordo com a 'Prosa (ou Younger) Edda', ele não tinha uma, mas nove mães; elas eram donzelas que eram irmãs.

Heimdall era bonito, sua pele brilhava branca e brilhante. Seus dentes eram feitos de ouro maciço. Ele também era chamado de Hallinskidi, Gullintanni (Dentes de Ouro), e, ao visitar o mundo dos humanos, Rig.

Heimdall era o deus perfeito para agir como sentinela, pois precisava dormir menos que um pássaro, e porque seus sentidos eram muito agudos: ele podia ver a uma distância de cem léguas igualmente bem de noite ou de dia; ele podia ouvir cada som, até mesmo o som da grama crescendo sobre a terra e da lã crescendo sobre as ovelhas.

Heimdall montou um cavalo chamado Gulltopp, e sua espada era Hofund (Cabeça). Ele tinha um palácio chamado Himinbjorg (Penhasco do Céu) que ficava perto de Bifrost, a Ponte do Arco-Íris que ligava o reino dos deuses (Asgard) ao reino da humanidade (Midgard). Heimdall vigiava lá para proteger Asgard contra a invasão de gigantes. Ele possuía uma trombeta chamada Gjallarhorn (Trompa de Clangorous); sua explosão podia ser ouvida até os confins do universo. Segundo a lenda, Heimdall seria o primeiro deus a ver os exércitos de gigantes e monstros se reunindo para atacar Asgard em Ragnarok, a batalha no fim do mundo. Com Gjallarhorn, ele soaria o aviso de sua aproximação. Apesar de suas responsabilidades, Heimdall poderia ser divertido; ele gostava de beber hidromel em seu belo salão de banquetes em Himinbjorg.

Heimdall era o deus do brilho e dos usos benéficos do fogo e, como tal, estava em oposição ao deus do fogo maligno Loki. Loki gostava de gozar com o zelador diligente, e os dois estavam em constante conflito. Em alguma poesia nórdica, Heimdall é referido como o "inimigo de Loki". Em um conto, Loki roubou o fabuloso colar de Brisingamen que a deusa Freya havia adquirido dos anões, e o levou para o mar para escondê-lo. Mas Heimdall, disfarçando-se de selo, nadou para recuperá-lo.

Loki então também se transformou num selo, e os dois se debateram. Heimdall ganhou o colar de volta de seu adversário desonesto e o devolveu à deusa. Durante Ragnarok, a batalha no fim do mundo, Heimdall e Loki estavam fadados a lutar até a morte, cada um matando o outro.

O leigo Eddic 'Rigsthula' conta como Heimdall foi responsável por ser o pai das três classes sociais: camponeses, agricultores e artesãos, e a nobreza. Sob o nome Rig, ele viajou por Midgard, o mundo da humanidade, para ver como os descendentes de Ask e Embla, os primeiros humanos, estavam se saindo. Rig veio à pobre cabana de Ai (bisavô) e Edda (bisavó) e, embora tivessem pouco, eram hospitaleiros para o deus encantador.

Durante três dias, Rig comeu com eles, e à noite dormiu com os dois. No devido tempo, Edda deu à luz um filho forte chamado Thrall, que casou com uma garota trabalhadora chamada Esne, e seus descendentes eram todos os camponeses e trabalhadores do mundo. Rig continuou suas viagens e chegou a uma fazenda onde Afi (Avô) e Amma (Avó) viviam, e por três dias ele comeu com eles e dormiu com eles.

No devido tempo, Amma deu à luz um filho chamado Freeman, um construtor, ferreiro e agricultor, que se casou com um bom padeiro e tecelão chamado Hussif; seus filhos tornaram-se os artesãos, agricultores e proprietários de terras do mundo. Rig continuou, conhecendo o Pai

Escudeiro e a Mãe Senhora, e comeu com eles em sua bela mansão, e dormiu com eles em sua luxuosa cama.

No devido tempo a senhora deu à luz um menino chamado Earl, um caçador e cavaleiro, que casou com um músico rico e belo chamado Princess, e seus filhos se tornaram os reis e rainhas do mundo. Rig ensinou a Earl segredos das runas para que ele e seus descendentes pudessem ser líderes sábios. Então Rig retornou a Asgard, bem satisfeito com toda a sua descendência.

Questões de pesquisa

---

1) Você já leu algum gibi sobre a mitologia norueguesa? Se sim, qual você acha que é a história mais interessante nela?
2) Quem é uma divindade na mitologia nórdica que combina melhor com um de seus amigos - Vili ou Thor? E por que você os escolhe?

Ajuda

Deusa dos mortos e governante do submundo

Hel é a deusa dos mortos e governante do submundo. Ela foi uma das três criaturas monstruosas a quem o deus do fogo Loki deu à luz após comer o coração de uma bruxa, a gigantesca Angerbotha. Os irmãos de Hel eram o gigantesco lobo Fenrir e Jormungand, a serpente maligna que se enroscava ao redor do mundo.

De acordo com a 'Prosa (ou Younger) Edda', depois que Hel nasceu, o deus principal, Odin, lançou-a no escuro, no lixo congelado de Niflheim e lhe deu autoridade sobre nove mundos. Qualquer pessoa que morresse de doença ou de velhice era enviada a ela, e ela era obrigada a dar alojamento e alimentação a eles. Ela tinha grandes mansões em Niflheim para ela e para abrigar todos os mortos que lá chegavam.

As paredes eram excepcionalmente altas, com portões enormes. Seu salão chamava-se Elvidnir, ou Eliudnir (Miséria), seu prato Fome, sua faca Fome, e seus servos e servas Ganglati e Ganglot (cujos dois nomes significam "slow-moving"). O limiar onde se entrava se chamava Stumbling-block, sua cama era a Sick-bed, e suas cortinas Gleaming-bale. Seu cão de caça, Garm, vigiava o portão.

Pensava-se que a ajuda se alimentava dos cérebros e da medula humana. Na aparência, Hel era de aparência feroz e facilmente reconhecível: meio negro e meio coberto de carne. Em termos de comportamento, ela era descrita como bastante abatida.

Ocasionalmente ela deixava Niflheim e vagueava sobre a Terra em um cavalo branco de três patas, reunindo os muitos que pereceram na peste ou na fome. O próprio reino de Niflheim era freqüentemente chamado simplesmente de Hel, após a deusa.

Quando o belo mas condenado deus Balder foi traiçoeiramente assassinado, Hel o alojou em um enorme salão dourado próprio de sua estação, e ela foi solidária com o pedido dos deuses, entregue pelo deus Hermod, de que Balder fosse devolvido ao céu. Ela concordou em libertar Balder do reino dos mortos, mas somente se todas as criaturas do mundo sofressem por ele. Como a gigantesca Thokk recusou-se a chorar por ele, Balder foi forçada a permanecer em Hel.

Estudiosos argumentaram, com base em textos sobreviventes, que Hel não era considerada uma divindade maligna até que as crenças nórdicas começaram a ser influenciadas pelo cristianismo. Antes dessa época, ela não estava associada ao deus maligno Loki. O fato de seus dois irmãos serem monstros, nem mesmo humanos na forma, enquanto ela era considerada uma deusa, apoiaria esta afirmação.

Não havia nenhum estigma de crueldade ligado a ela; ao contrário, ela parecia estar triste ou deprimida. Seu palácio era tão imponente quanto os salões dos deuses, e ela conheceu as almas mortas que vieram até ela com cortesia. Eles pareciam habitar pacificamente em Hel; não eram torturados ou maltratados de forma alguma.

No entanto, pela era Viking, a ênfase foi colocada nos súditos de Hel como criminosos - assassinos, ladrões, adúlteros - e outros que não haviam morrido em batalha, e assim não haviam sido levados pelas Valquírias de Odin ao palácio celestial de Valhalla. Nesta tradição, os súditos de Hel são atormentados e miseráveis. E de acordo com a "Prosa Edda", na época de Ragnarok, a batalha no fim do mundo, Loki lideraria todas as pessoas pertencentes a Hel na luta contra os deuses.

Naquela época, outras criaturas do domínio de Hel também seriam soltas no mundo: a serpente Nidhogg, o lobo Fenrir, e o cão Garm.

Questões de pesquisa

1) O que você pode dizer a seus amigos sobre Hel e Loki? Como é a relação deles?
2) Como os deuses nórdicos e as deusas são diferentes?

Hermod
Mensageiro dos deuses

Hermod é um filho do deus principal, Odin, e sua esposa, Frigg. Conhecido como Hermod, o Rápido, ele foi chamado pelos outros deuses quando eles tinham uma tarefa que exigia velocidade e urgência.

Hermod usava um capacete e um casaco de correio que lhe foi dado por Odin, e sempre carregava Gambantein, sua varinha mágica ou bastão. Ele também era chamado de Hermod, o Negrito, pois era corajoso na guerra e adorava uma boa luta. Os Vikings acreditavam que ele estaria esperando, junto com Odin, na entrada de Valhalla para receber os Einherjar, guerreiros que haviam morrido corajosamente em batalha.

Hermod aparece tanto no 'Edda Poético (ou Ancião)' quanto no 'Edda Prosa (ou Mais Jovem)'. Foi Hermod que se ofereceu para cavalgar desde as alturas do céu, Asgard, até Hel numa tentativa de resgatar seu irmão

Balder da rainha do submundo (também chamado Hel). Levou nove dias, montando o corcel de Odin, Sleipnir, o cavalo mais rápido do mundo, para chegar ao rio Gjol (também se soletra Gioll ou Gjoll).

Lá ele conheceu Modgud (ou Módgudr), a donzela que vigiava a ponte. Ela lhe perguntou por que alguém que ainda não estivesse morto quereria atravessar o rio para Hel, e ela lhe disse que seu irmão havia de fato passado por aquele caminho.

Hermod veio então para o enorme portão de ferro trancado Hel Gate. Hermod liderou Sleipnir em um salto gigantesco sobre o portão. Uma vez lá dentro, Hermod tentou convencer Hel que Balder deveria retornar ao mundo dos vivos, porque sua morte havia causado tanta dor.

Hel concordou em permitir que Balder voltasse para Asgard se todas as coisas do mundo, vivas e mortas, chorassem por ele, mas se uma única coisa se recusasse a chorar, Balder teria que ficar no submundo.

Hermod fez a longa viagem de volta a Asgard e contou aos deuses o que Hel havia exigido. Os deuses enviaram mensageiros a todos os cantos do mundo com as notícias, e tudo chorou, exceto uma gigante chamada Thokk (obrigado), que se pensava ser o deus malfeitor Loki disfarçado. Assim, Balder teve que permanecer no submundo.

Em outra ocasião, Odin foi perturbado por profecias e convidou Hermod a cavalgar até a terra dos finlandeses para ver Rossthiof (ladrão de cavalos). Odin emprestou novamente a Hermod seu cavalo veloz, Sleipnir, e também lhe deu seu bastão rúnico. Hermod apressou-se e, embora Rossthiof conjurou monstros para detê-lo, Hermod subjugou Rossthiof e se recusou a libertá-lo até que ele tivesse respostas para os pressentimentos de Odin. Rossthiof concordou, e Hermod o libertou.

Rossthiof começou a murmurar encantamentos, e imediatamente o sol se escondeu atrás das nuvens, a terra tremeu, e os ventos de tempestade subiram. Rossthiof apontou para o horizonte e lá Hermod viu um enorme fluxo de sangue inundando o solo.

Uma bela mulher apareceu com um menino ao seu lado. Esta criança cresceu a toda altura, carregando um arco e flechas, diante dos olhos de Hermod. Rossthiof disse que o sangue significava o assassinato de um dos filhos de Odin, mas se Odin cortejasse e ganhasse a gigantesca Rind (ou Rinda) na terra dos Rutenos (Rússia), ela lhe daria à luz um filho que chegaria ao pleno crescimento dentro de um dia e vingaria a morte de seu irmão.

Hermod correu de volta para Odin e lhe disse o portento. Como resultado, Odin procurou Rind, que se tornou a mãe de seu filho Vali. A profecia foi cumprida com a morte de Balder, quando Vali matou Hod para vingá-lo.

Questões de pesquisa

1) Quais são seus pensamentos sobre este Deus Nórdico?
2) Você já ouviu alguma história sobre Hermod?

Hod

Deus do inverno e das trevas

Hod é um deus cego, associado à noite e à escuridão. Hod era o filho do deus principal, Odin, e sua esposa, Frigg. Ele foi enganado pelo deus do fogo maligno Loki para matar seu irmão Balder, que era o mais belo e perfeito dos deuses.

De acordo com a mitologia nórdica, após esta escritura o mundo nunca mais foi tão bom, amoroso, e exatamente como tinha sido antes da morte de Balder. Apesar de Hod, incapaz de ver, ter sido enganado para executar o hediondo assassinato, os deuses e deusas não podiam esquecer que foi sua mão que atirou a arma. Hod foi portanto morto para vingar a morte de Balder por outro de seus irmãos, o deus Vali.

Depois disso, tanto Balder como Hod estavam condenados a viver no submundo com a deusa Hel, até o tempo de Ragnarok, a batalha no fim do mundo. Segundo a lenda, no Ragnarok, eles voltariam da morte. Eles e os poucos deuses sobreviventes - inclusive Vali - se reconciliariam e reinariam em um novo e melhor céu do que antes.

1) Quais deuses ou deusas nórdicas você já aprendeu na escola?

2) Se você tivesse poderes, que tipo de poder você gostaria de ter de uma lenda nórdica?

Hoenir

Também se soletra Hænir.

Deus do silêncio, da espiritualidade, da poesia e da paixão

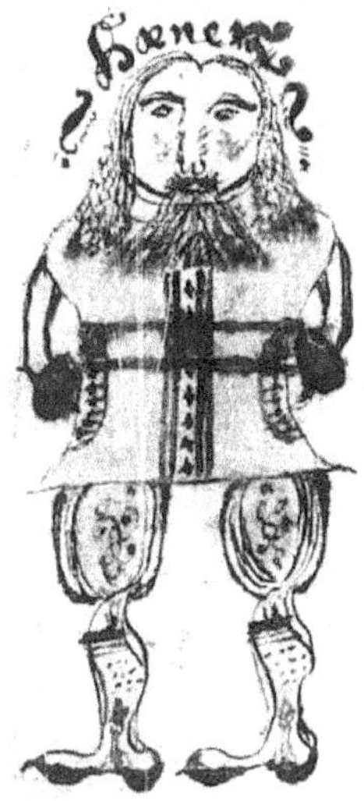

Hoenir é um deus de Aesir e, com Odin e Lothur, um dos criadores da humanidade. Como Odin, Hoenir era um filho de Bor e Bestla. Não se sabe muito sobre ele, embora ele seja referido várias vezes na literatura sobrevivente como um companheiro de viagem para Odin e Loki. Ele era referido como o camarada e confidente de Odin e era um rápido corredor.

Ao longo de Odin e Lothur, Hoenir assassinou o gigante primordial da geada Ymir e criou o mundo, o céu e o mar a partir do corpo do gigante. Ele também ajudou a criar os dois primeiros humanos, o homem Ask e a mulher Embla, a partir de dois troncos de madeira à deriva que encontraram ao longo da costa.

De acordo com o Voluspa, um épico no "Edda Poético (ou Ancião)", Hoenir, em particular, deu-lhes os dons de compreensão e o poder de sentir. Em alguns relatos da criação do mundo e dos primeiros humanos,

Hoenir é identificado como o irmão de Odin e é creditado com as ações do deus Vili.

Hoenir foi um dos deuses de Aesir trocado como refém dos deuses Vanir no acordo de paz após a guerra entre os dois grupos. No entanto, ele é mencionado no 'Prose (ou Younger) Edda' como um dos doze deuses de Aesir que se sentaram entronizados no salão de banquetes em Asgard.

Segundo a 'Prose Edda', em uma de suas viagens para explorar o mundo, Odin, Loki e Hoenir visitaram o rei dos anões, Hreidmar. Esta é a aventura fatídica que levou ao roubo do anel do anão Andvari e a maldição colocada sobre ele que se tornou a base de grande parte da trama do ciclo lírico de Richard Wagner "O Anel dos Nibelungos".

Hoenir também foi o companheiro de Odin e Loki quando começaram uma desventura que levou ao seqüestro da deusa Idunn pelo gigante da montanha Thiassi. Sem Idunn, guardiã das maçãs da juventude, os deuses ficaram cinzentos e velhos.

Segundo a lenda, depois de Ragnarok, a batalha entre deuses e gigantes que aconteceria no fim do mundo, Hoenir iria para um novo céu, onde possuiria o dom da profecia.

---

1) Quais são os principais componentes de uma boa história mitológica em geral?
2) O que fez você querer estudar este tipo de conhecimento (mitologia)?

Loki

Também chamada Loki Laufeyiarson.

Deus do fogo, da magia, da mudança de forma e do caos

Loki é o deus do fogo maligno, sempre malicioso, enganoso e calculista, e um dos personagens mais conhecidos da poesia e saga nórdica. Como seu nome é derivado da raiz germânica da chama, acredita-se que Loki tenha sido originalmente um espírito de fogo.

Loki era uma figura trapaceira, e, como um metamorfo, poderia se tornar um animal diferente à vontade. Ele era o pai de dois filhos, Nari (ou Narfi) e Vali, por sua esposa, a deusa Asynjur Sigyn (Siguna). Mas como ele também podia assumir a forma do sexo oposto, ele podia dar à luz, e teve uma série de outros descendentes desta forma.

Na literatura sobrevivente, o nome de Loki é mencionado mais do que o de qualquer outro deus, e ele é certamente uma das concepções mais inventivas do folclore. Ele participou de muitas das aventuras dos deuses, frequentemente acompanhando o deus principal Odin, ou o filho de Odin, o deus trovão Thor, em suas viagens, embora ele estivesse sempre agitando problemas. Loki foi capaz de encantar a todos, apesar de sua profunda astúcia, com sua esperteza e boa aparência.

No 'Edda Prosa (ou Younger)', Loki é citado como um dos 12 deuses de Aesir. A rigor, porém, no panteão nórdico, Loki não era um deus, mas um gigante, já que era filho do gigante Farbauti (Dangerous Striker) e da gigante Laufey, ou Nal. Por isso ele era às vezes referido como Loki Laufeyiarson.

Loki tinha irmãos chamados Byleist e Helblindi. Embora ele fosse geralmente um antagonista dos deuses, às vezes vivia em Asgard, o reino celestial dos deuses. Os deuses e os gigantes geralmente eram inimigos, mas em algum momento no passado distante ele havia feito um juramento com Odin que os tornou irmãos de sangue, e por causa desses laços, os outros deuses desfrutavam de sua companhia e toleravam seus excessos e esquemas até que eles se descontrolaram.

Loki estava sempre pensando em novos ângulos - às vezes estes funcionavam em benefício dos deuses, mas muitas vezes levavam a conseqüências desastrosas. Quando os deuses queimaram a gigantesca Angerbotha como bruxa, Loki comeu seu coração e como resultado ficou impregnada. Ele deu à luz três crianças monstruosas que mais tarde ameaçaram o mundo: o lobo Fenrir, a serpente Jormungand (a Serpente Midgard, ou Serpente Mundial), e a deusa Hel.

Odin atirou a serpente para as profundezas do mar que rodeava o mundo e colocou Hel Hel no submundo para ser sua rainha. Os Aesir foram capazes de prender o enorme Fenrir, mas o deus Tyr perdeu sua mão direita no esforço.

Segundo a 'Prose Edda', foi Loki quem pensou num plano para enganar o arquiteto e construtor de Asgard, um gigante, com seu pagamento. Assumindo a forma de uma égua, Loki seduziu o garanhão do gigante Svadilfæri. O cavalo foi essencial para completar o trabalho a tempo, e o galo atrasou a tarefa do gigante. Neste caso, os deuses ficaram gratos pela intervenção de Loki, pois se o gigante tivesse terminado a tempo, eles teriam que entregar o sol, a lua e a bela deusa Freya a ele. Como resultado deste episódio, Loki, como égua, deu à luz o cavalo mais veloz do mundo, o Sleipnir de oito patas.

Loki teve uma mão no desaparecimento da deusa Idunn. Ele a atraiu para fora de Asgard para que ela pudesse ser seqüestrada pelo gigante Thiassi. Como Idunn era a guardiã das maçãs douradas da juventude, que os deuses precisavam comer para não envelhecer, eles estavam ansiosos para trazê-la de volta e, portanto, forçaram Loki a usar seus truques e magia para recuperá-la de Jotunheim (Giantland).

Loki ajudou Thor a enganar o gigante Thrym, que havia roubado o martelo mágico do deus trovão, Mjolnir. Thrym queria trocar o martelo pela Freya, e o próprio Thor foi em seu lugar, personificando a bela deusa. Loki o acompanhou, disfarçado de serva da Freya. As respostas rápidas de Loki às perguntas de Thrym sobre a noiva evitaram que o ardil fosse descoberto muito cedo.

Loki era um ladrão experiente. Ele roubou o famoso colar Brisingamen da Freya e o escondeu no mar. Ele lutou com o deus Heimdall em uma batalha por ele, na qual ambos assumiram a forma de focas. O deus brilhante Heimdall, vigia dos deuses, era um adversário particular de Loki.

Sua animosidade culminaria em Ragnarok, a batalha no fim do mundo, quando os dois deuses se engajariam em um combate mortal e matariam um ao outro.

Em outra história, Loki cortou os belos cabelos loiros da esposa de Thor, Sif. Thor estava pronto para matá-lo, e Loki, temeroso, mas sempre com esquemas, prometeu fazer de Sif uma cabeça de cabelo melhor, de ouro puro, que enraizaria e cresceria como o cabelo real.

Depois de acalmar a raiva de Thor com esta promessa, Loki foi para os Filhos de Ivald, anões da forja. Ele os mandou fazer não apenas os cabelos dourados para Sif, mas um navio mágico, Skidbladnir, e uma lança mágica, Gungnir, que mais tarde pertenceu a Odin. Mas Loki adorava jogar, e apostou com outros dois ferreiros anões, Brokk e Sindri, que seriam incapazes de forjar objetos comparáveis aos feitos pelos Filhos de Ivald. Brokk e Sindri forjaram então o anel mágico Draupnir, um javali dourado, e Mjolnir, o martelo mágico que Thor iria usar para sempre. Mas enquanto trabalhavam, Loki, que havia se disfarçado de mosca, picou-os continuamente para distraí-los para que ele pudesse ganhar sua aposta.

Quando os deuses viram todos esses objetos maravilhosos, eles declararam que Brokk e Sindri haviam vencido. Loki desapareceu, mas Thor o pegou. Brokk queria decapitar o deus trapaceiro, mas no final Loki o convenceu apenas a coser os lábios para que ele não pudesse mais falar rapidamente para sair das dificuldades. Mas Loki dolorosamente tirou os fios de suas feridas e estava livre para mentir novamente, e os deuses eram os beneficiários das maravilhosas criações mágicas que os anões tinham feito.

Em algumas histórias, Loki é meramente esperto demais para seu próprio bem; em outras, ele realiza atos terríveis por pura malícia, ciúme e rancor.

Um poema no 'Edda Poético (ou Ancião)', descreve como Loki se intrometeu em um banquete dado pelo deus do mar Aegir para todos os deuses e deusas. Ele não tinha sido convidado, mas como ele era educado, eles o deixaram ficar. Então ele começou a insultar ferozmente cada uma delas, por mais conciliatórias que tentassem ser.

Como Loki conhecia a maioria de seus segredos, ele foi capaz de embaraçar a todos eles. Finalmente, a esposa de Thor, Sif, ofereceu-lhe uma tigela de hidromel, e pediu-lhe que parasse com seus insultos. Loki bebeu-a, mas depois revelou que uma vez ele teve um encontro sexual com Sif. Imediatamente Thor apareceu, pronto novamente para matar Loki, e Loki começou a insultá-lo também. Finalmente, com medo de que Thor executasse sua ameaça, Loki partiu, ainda de mau humor, dizendo que os deuses nunca mais teriam tal banquete e amaldiçoando o anfitrião, sua casa e todos os seus bens com a declaração de que todos eles seriam incendiados. Esta menção à destruição pelo fogo foi uma prefiguração do papel de Loki como líder das forças do mal em Ragnarok.

A ação mais terrível de Loki antes do fim do mundo, porém, foi causar, através de truques e pura malícia, a morte de Balder, o belo e pacífico filho de Odin, a quem todos os outros deuses amavam muito. Loki disfarçou-se de velho e enganou a mãe de Balder Frigg para revelar a fraqueza de Balder e depois enganou o irmão cego de Balder, Hod, para matar o deus inocente.

Após a morte de Balder, Loki, disfarçado de uma gigante chamada Thokk (Obrigado), foi a única criatura no universo que se recusou a chorar pela morte de Balder, e isso significava que Balder teria que ficar em Hel até o fim do mundo.

Desta vez Loki havia ido longe demais, e os deuses, em sua dor e raiva, tiveram que puni-lo. Sabendo que eles viriam atrás dele, Loki fugiu de Asgard e se escondeu em uma montanha. No seu cume ele construiu uma casa como mirante da qual ele podia ver em todas as direções. Mas muitas vezes ele se transformou em um salmão e se escondeu em uma cachoeira chamada Franang (ou Franangr). Odin logo espiou o esconderijo de Loki de seu trono de torre alta, Hlidskjalf, e os deuses vieram atrás dele com uma rede de pesca.

No início Loki conseguiu evitá-lo, mas Thor, com sua grande força, percorreu o meio do rio até que a rede quase alcançou o mar. Finalmente Loki, como o salmão, não teve outra alternativa senão saltar para cima da rede, e como ele fez, Thor conseguiu segurar sua cauda.

Uma vez capturado, Loki foi levado para uma caverna profunda. Os deuses pegaram três placas de pedra, colocaram-nas na borda, e fizeram um buraco em cada uma delas. Eles mandaram chamar os filhos de Loki, Vali e Nari (ou Narfi).

Os deuses transformaram Vali em um lobo, e ele imediatamente despedaçou seu irmão. Então os deuses pegaram as entranhas de Nari e as usaram para amarrar Loki através das pedras, com uma pedra sob seus ombros, outra sob seus lombos e outra sob as costas de seus joelhos. Uma vez atadas, estas cordas se transformaram em ferro.

A gigantesca Skadi trouxe uma cobra venenosa para a caverna e a colocou acima da cabeça de Loki para que seu veneno pingasse em seu rosto. Lá o deixaram, e lá ele ficaria até o tempo de Ragnarok, quando se libertaria de seus laços, convocaria todas as almas miseráveis em Hel e lideraria as forças do mal na batalha contra os deuses. Mas até lá ele permaneceria preso, com sua fiel esposa, Sigyn, segurando uma bacia sobre ele para pegar as gotas de veneno.

Quando a bacia se enchia, ela ia esvaziá-la, deixando o veneno pingar por um breve momento no rosto de Loki. Nesses momentos, Loki se esforçava tanto em seus laços e sacudia com tanta força em sua agonia que agitava a Terra. Esta foi a explicação nórdica para o fenômeno dos terremotos.

Questões de pesquisa

---

1) Como a personalidade de Loki pode afetar sua capacidade de completar tarefas complexas?
2) Como o Loki se compara a outros deuses nórdicos?
3) Quais são os três aspectos positivos sobre a Loki, os filhos e/ou a família da Loki?
4) Em que tipo de forma a Loki aparece com mais freqüência aos seres humanos na Terra?

Odin

Também chamado Othin, Wotan, Woden, Wuotan, Voden, ou Votan.

Deus de sabedoria, guerra, magia, poesia, profecia, vitória e morte

Os romanos identificaram Odin não com Júpiter, mas com Mercúrio. Assim, "Mercury's day" (em latim tardio, morre Mercurii, em mercredi francês) foi levado para o inglês antigo como "Woden's day", do qual deriva a palavra inglesa moderna Wednesday.

Odin é o principal deus Aesir, governante do céu e da Terra, e o deus da guerra, da sabedoria e da poesia. Com seus irmãos Vili e Ve, ele havia matado o gigante primordial da geada Ymir e usado o corpo de Ymir para fazer todos os diferentes reinos do mundo, assim como o mar e o céu. Os irmãos também criaram os primeiros seres humanos, Ask e Embla. Odin era o chefe supremo da Aesir, uma sociedade de deuses guerreiros, e embora outros deuses fossem mais jovens, mais bonitos e mesmo fisicamente mais fortes, os poderes e a sabedoria de Odin eram primordiais. Na guerra, Odin decidiu os destinos de todos os guerreiros. Ele também era chamado de Todo-Pai.

A figura de Odin está no centro de uma complexa genealogia mitológica. Seu avô Buri era um ser primordial moldado a partir de um bloco de gelo lambido pela vaca primordial Audhumia, no início dos tempos. Seu pai era o filho de Buri Bor e sua mãe a gigante Bestla.

A esposa de Odin era Frigg, e juntos eram considerados os pais dos deuses de Aesir. Odin teve muitos filhos, incluindo Thor, Balder, Hod, Hermod, Heimdall, Vidar, e Vali. Através de seu filho Sigi, Odin foi o ancestral da dinastia Volsung da lenda heróica.

Por Odin, Frigg era a mãe do belo deus Balder, mas a mãe do filho primogênito de Odin, Thor, era Jorth (também se soletra Jord ou Senhor), Mãe Terra. Jorth era também a mãe das filhas de Odin, as Valquírias. O nome alternativo de Odin, All-Father, sugere um antigo par de um deus do céu com uma deusa da terra, uma idéia sustentada por histórias de tal união com Jorth. A gigante Rind (ou Rinda) era a mãe de Vali, e a gigante Grid a mãe de Vidar.

Odin também foi chamado de Deus Corvo. Ele tinha um trono, Hlidskjalf, em uma torre de vigia no reino celestial de Asgard, do qual ele podia ver tudo o que acontecia nos nove mundos do universo, e nada lhe escapava do olhar.

Odin sentar-se-ia neste trono elevado com dois corvos, Huginn (Pensamento) e Muninn (Memória), empoleirados sobre seus ombros. Ele enviava estas aves ao mundo todos os dias, e elas voltavam a sussurrar ao seu ouvido tudo o que tinham visto. Odin também viajou pelo mundo, assumindo outras formas, como um pássaro, uma serpente, um peixe ou outro animal, e ele podia se mover, como um espírito, enquanto seu corpo dormia.

Fisicamente Odin foi retratado como um homem mais velho, mas ainda bonito, que cavalgou para a batalha usando um capacete dourado e um casaco de correio. Mas ele era freqüentemente representado, especialmente quando viajava no mundo dos humanos, como um homem de barba grisalha com apenas um olho, usando um chapéu de abas largas e carregando um bastão.

Sua visão poderia mudar com o espectador: ele parecia tão nobre entre seus amigos que eles se alegraram com a visão dele, mas para seus inimigos ele pareceria temível e terrível. Ele possuía uma lança mágica, Gungnir, que, uma vez lançada, nunca parou até atingir seu alvo pretendido. Ele possuía um anel de ouro mágico chamado Draupnir, forjado pelos mestres artesãos, os anões Brokkk (ou Brokkr) e Sindri. A cada nona noite, Draupnir produzia mais oito anéis como ele mesmo. O corcel de Odin era o poderoso Sleipnir (Slippery), o cavalo de oito patas mais rápido do mundo.

Em sua função como deus da guerra, Odin era também um deus dos mortos, e empregava suas servas, as Valquírias, para arrebatar as almas dos guerreiros mais corajosos quando morriam no campo de batalha e levá-los a Valhalla, seu salão de banquetes em Asgard.

Aqui estas almas, chamadas de Einherjar, desfrutariam de uma infinita quantidade de comida, bebida e folia, e praticariam suas habilidades de luta até o tempo de Ragnarok, a batalha no fim do mundo, quando lutariam com Odin como seu líder contra todas as forças do mal. Odin presidia as festas em Valhalla, mas ele mesmo não comia. O vinho era tanto comida quanto bebida para ele. Ele dava sua carne para seus dois lobos, Geri (Ganancioso) e Freki (Feroz).

Odin não estava acima de incitar lutas a fim de obter mais heróis para Valhalla. Ele sempre tomou partido em um conflito, e era capaz de quebrar juramentos para conseguir o que queria. Na guerra, ele podia paralisar seus inimigos com medo ou confundir seus sentidos. Ele era o deus da caça selvagem, e quando o céu tempestuoso da Escandinávia parecia vibrar com os sons dos cascos furiosamente galopantes, pensava-se que era Odin agitando as pessoas em uma paixão por sangue.

De acordo com o historiador romano Tácito, os alemães ofereceram sacrifícios humanos a este aspecto de seu deus guerreiro. A manifestação mais extrema de Odin no mundo real da batalha surgiu como os Berserkers (ou Berserksgangr), guerreiros que haviam feito um juramento sagrado a Odin.

De acordo com a mitologia tanto do Edda Poético (ou Ancião) quanto do Edda Prosa (ou Jovem), na época de Ragnarok, Odin saía de Valhalla liderando o Einherjar, com Thor a seu lado. Na batalha entre os deuses e as forças do mal, ele seria engolido pelo monstruoso lobo Fenrir, mas sua morte seria imediatamente vingada por seu filho Vidar, que mataria a besta má.

Pode parecer estranho para a mente moderna que Odin pudesse ao mesmo tempo ser o deus da guerra furiosa, da mais profunda sabedoria e da arte da poesia, mas para a sociedade guerreira dos Vikings, estas características estavam ligadas. A sabedoria de Odin não era um dado adquirido, mas algo que ele havia adquirido através da dor e do sacrifício.

Odin foi consultado para aconselhamento e ajuda em paz, bem como na guerra. Ele havia se tornado sábio ao beber da fonte sagrada da sabedoria, a bem guardada por Mimir que estava sob uma das raízes da grande árvore do mundo, Yggdrasil. Mimir concordou em deixar Odin tomar uma única bebida destas águas, mas ele teve que deixar um de seus olhos ali como penhor. Depois disso, embora Odin tivesse apenas um olho, ele viu mais claramente do que ninguém, tinha conhecimento intuitivo do passado, e podia prever o futuro.

Outra fonte da sabedoria de Odin foi o grande teste que ele realizou ao se enforcar em Yggdrasil, a árvore cósmica que ligava e suportava todos os reinos do mundo. Ele quase morreu nesta provação. Após nove dias e nove noites enforcado por uma lança em uma ferida auto-infligida, segundo a Edda Poética, ele se consagrou a si mesmo, descobriu o segredo das runas sagradas e se tornou o mestre dos feitiços mágicos e da sabedoria oculta.

Odin foi rejuvenescido por seu sacrifício voluntário. Ygg (O Terrível) era outro dos nomes de Odin, e Yggdrasil significa "cavalo de Odin", talvez porque a árvore o segurou enquanto ele era enforcado. Porque ele se enforcou na árvore cósmica, ele era conhecido como o Senhor da Galinha, um poderoso mágico que podia fazer os enforcados falarem, e ele enviava seus corvos para se comunicar com eles. Algumas vezes as pessoas eram enforcadas em adoração ritual por este aspecto do deus.

Por seu sacrifício e renovação através de sinais rúnicos, Odin era também um deus do poder mágico das palavras. Videntes e mágicos procuravam sua ajuda para criar inscrições rúnicas que trouxessem proteção divina. Sua ligação com a poesia esquálica era, segundo a Prosa Edda, baseada em seu roubo de um hidromel mágico que dava sabedoria e a arte da poesia ao bebedor.

Alguns anões destilaram o hidromel do sangue do sábio deus Kvasir, e a receita chegou à posse de um gigante chamado Suttung. Odin, sob o nome Bolverk, tentou trocar seu trabalho com o gigante Baugi, irmão de Suttung, em troca de uma bebida do hidromel mágico. Baugi estava disposto, mas Suttung recusou-se a conceder a Bolverk até mesmo uma gota do hidromel.

Com a ajuda de Baugi, Bolverk fez um buraco na montanha onde o hidromel era mantido, transformou-se em uma cobra e rastejou através do buraco. Baugi, que estava tentando enganá-lo, apunhalou-o, mas falhou. Dentro da montanha, a filha de Suttung, Gunnlod, guardava o hidromel. Odin seduziu Gunnlod. Ele passou três noites com ela, e ela o deixou beber três correntes de ar do hidromel dos três caldeirões mágicos, Odherir, Bodn e Filho, nos quais ele foi guardado.

Na terceira bebida, ele havia consumido todo o hidromel. Então ele se transformou em uma águia e voou o mais rápido que pôde para Asgard, com o hidromel sagrado em sua colheita. Suttung o perseguiu, também em forma de águia. Quando o Aesir viu Odin voando para eles, eles colocaram recipientes no pátio para segurar o hidromel, e quando Odin entrou sobre Asgard ele cuspiu para dentro dos recipientes. Algumas gotas salpicaram de volta para o mundo, mas o Aesir não se importou. Essas gotas se tornaram a parte dos poetas e rimadores. Assim, os mortais foram capazes de aprender e dominar a arte cálica.

Muitas obras sobreviventes da literatura nórdica se referem a Odin e suas façanhas. A Edda Poética, escrita na Islândia em cerca de 1000 d.C., contém uma leiga chamada Havamal (Palavras do Alto), uma coleção de ditados sábios e conselhos sábios em forma poética que provavelmente foram reunidos na Noruega durante os séculos IX e X.

Elas foram escritas a partir da perspectiva do próprio Odin. Este dispositivo literário sustentava sua posição de deus da sabedoria e da poesia. Na tradição clélgica, a poesia era chamada de "sangue de Kvasir", "espólio de Odin", ou "presente de Odin".

---

1) Você acha que Odin (ou qualquer outro Deus) está caminhando entre nós como político ou líder?
2) Como você acha que é viver sob o domínio de Odin como um Einherjar (ou guerreiro de elite especializado em Valhalla)?
3) Como Odin se tornou rei dos Deuses e Deusas Nórdicas?
4) O que você pensa sobre a personalidade de Odin?

Sol e Mani
Personificação do sol e da lua

Sol e Mani são o Sol e a Lua, ou mais precisamente, os seres que conduziram o Sol e a Lua em seus cursos através do céu. Sol e Mani eram irmã e irmão, e ambos eram justos e bonitos.

Depois que os deuses criaram o céu, eles fizeram o Sol a partir de faíscas fundidas que haviam voado do reino ardente de Muspelheim, e o colocaram no céu para iluminar o mundo. Por alguma razão, os deuses se irritaram com Sol e Mani, ou com seu pai, Mundilfari, e levaram os dois para guiar o Sol e a Lua em seus caminhos.

Sol foi obrigado a dirigir a carruagem do Sol e a guiar seus dois cavalos, Arvak e Alsvinn. Sol teve que viajar a grande velocidade, perseguido por um lobo chamado Skoll, que eventualmente a devoraria.

O menino, Mani, foi forçado a guiar o curso da Lua. Ele também controlava sua depilação e seu desmame. Em alguns relatos, o próprio Mani raptou dois humanos, uma menina chamada Bil (Waning) e um menino chamado Hiuki (Waxing), filhos de Vidfinn, quando eles estavam deixando um poço chamado Byrgir. Depois disso ele os forçou a viajar com ele, como se podia ver nas fases da Lua. Mani também teve que viajar rapidamente, porque o cão de caça da lua, Hati Hrodvitnisson, seguiu em perseguição.

Os vikings acreditavam que quando os dois lobos se aproximassem do Sol e da Lua, eles os engoliriam e todas as estrelas desapareceriam do céu. Seria um sinal de que Ragnarok, a batalha entre as forças do bem e as forças do mal, estava prestes a começar, e que o fim do mundo estava próximo.

Questões de pesquisa

---

1) O que você pensa sobre os papéis de gênero presentes na sociedade nórdica?
2) Quem está entre seus favoritos pessoais de todas as divindades nórdicas?

Sigi

O ancestral da linhagem Volsung

Sigi é um filho do deus principal, Odin, e avô do valente guerreiro Volsung, após o qual a linha de heróis Volsung, incluindo Sigmund e Sigurd, foi nomeada. Odin foi pai de Sigi em um de seus muitos namorados amorosos.

Sigi cresceu para ser um fora-da-lei e um assassino, mas mais tarde se tornou um rei. Antes de morrer, ele foi pai de Rerir, que se tornou o pai de Volsung. A história da família é contada na épica prosa escandinava "Volsunga Saga".

Questões de pesquisa

---

1) Você já desejou que houvesse mais deuses e deusas nórdicas?
2) Há algo único na Sigi que você valoriza?

Thor

Deus da força, proteção, guerra, tempestades, trovões e, relâmpagos

Quinta-feira, o quinto dia da semana, foi nomeado para Thor; acredita-se que o nome deriva de Júpiter Tanarus, o Thundering Jupiter, uma divindade celta.

Thor é o deus do trovão e do céu. Thor era o filho mais velho da divindade chefe, Odin e Jorth. Ele estava em segundo lugar apenas em importância em relação a Odin e era provavelmente o deus mais popular do panteão nórdico.

O Thor de barba vermelha foi retratado como muito alto, musculoso e vigoroso. Pensava-se que ele era bem-humorado, corajoso, benevolente, corajoso e sempre pronto para lutar. Sua capacidade de comer e beber grandes quantidades foi retratada em várias lendas.

Thor foi o principal campeão dos deuses em Asgard e o principal protetor
dos humanos em Midgard contra gigantes, trolls e outros seres malignos.
Ele, mais do que qualquer outro deus, estava sempre atento aos gigantes
e demônios que ameaçavam os deuses e os humanos. Sua voz em alta e
seus olhos brilhantes incitavam o terror em seus inimigos. Ele se irritava
facilmente, e quando se irritava, estava apto a esmagar seus adversários
até a morte com Mjolnir (Miller), o martelo mágico que ele sempre
guardava com ele.

Thor era muito venerado pelos guerreiros nórdicos, mas também era
venerado por agricultores e camponeses devido à sua capacidade de criar
chuva para as plantações. A imagem do martelo de Thor era usada como
símbolo de fertilidade nos casamentos (em sua conexão com a chuva e o
crescimento das culturas) e como símbolo de renascimento nos enterros
na religião nórdica. Sua imagem, sempre retratada com seu martelo, era
comumente encontrada na arte escandinava e em inscrições rúnicas.

Thor era sem dúvida o melhor lutador e o mais forte dos deuses. Ele vivia
em uma região do céu chamada Thrudvangar. Seu salão do castelo,
chamado Bilskirnir (Relâmpago), tinha 540 quartos. Ele usava o martelo
Mjolnir em muitas lendas contra os gigantes da geada e ogros.

Esta arma invencível, que produzia relâmpagos, tinha um cabo curto e,
quando jogada, sempre voltava, como um bumerangue, para a mão de
Thor. Era tão poderosa que Thor tinha que usar manoplas de ferro
especiais para agarrá-la.

A esposa de Thor era Sif, uma deusa da fertilidade de cabelo dourado,
com quem ele tinha uma filha, Thrudr (Força). Ele também foi pai de dois
filhos, Modi (Coragem) e Magni (Força), de Jarnsaxa, uma gigantesca, e
padrasto do filho de Sif Ull.

Thor viajou em uma carruagem puxada por duas cabras, Tanngnjostr
(Tooth-gnasher) e Tanngrisnir (Tooth-grinder), e quando se movia através
do céu, produzia os estrondos do trovão, enquanto faíscas voavam de
suas rodas. Se ele quisesse, Thor poderia abater as cabras, comer sua

carne e ressuscitá-las, desde que sua pele e seus ossos estivessem intactos.

Thor também possuía um cinto mágico que, quando o afivelou, dobrou sua força. Ele era frequentemente acompanhado em suas façanhas por seu servo Thialfi, um corredor rápido que também atuava como seu conselheiro. O deus do fogo Loki também viajava frequentemente com ele para as terras dos gigantes.

Thor realizou muitas expedições a Jotunheim, a terra dos gigantes da geada. Em uma história, Thor acordou um dia para descobrir que seu martelo havia desaparecido.

Um gigante chamado Thrym o havia roubado e escondido. O gigante devolveria o martelo somente em troca de ter a deusa Freya como sua esposa. Thor se comprometeu a imitar a deusa, usando suas roupas, seu véu e seu conhecido colar de ouro, e foi ao palácio de Thrym com o deus Loki, que estava disfarçado de serva de Freya. Thrym ficou satisfeito e organizou um banquete para o casamento.

A noiva conseguiu devorar um boi inteiro, oito salmões, todas as especiarias e três barris de hidromel. Loki disse ao espantado Thrym que Freya estava tão ansiosa para vir até ele que ela não comeu em uma semana. Thrym tentou levantar o véu de Freya para beijá-la, mas ele saltou de volta quando viu que as faíscas se lançavam de seus olhos.

Loki o tranquilizou novamente: Freya não dormia há uma semana, em antecipação. Então o martelo foi trazido e colocado nos joelhos da noiva para a consagração ritual. Imediatamente Thor jogou fora o disfarce e usou o martelo para derrubar Thrym e toda a festa de casamento.

Embora ele nunca tenha sido vencido em uma luta justa, Thor pôde ser conquistado por magia, como quando um mago-giante chamado Utgarda-Loki o desafiou para uma série de testes de suas habilidades. Estes incluíam testes de sua bebida e de sua força. Thor pensou que não tinha se saído bem quando desafiado a beber do chifre de mágico, mas ele não percebeu que o fim do chifre de mágico estava no próprio oceano.

Em seguida, sua força foi testada fazendo-o tentar levantar um gato; ele não sabia que o gato era realmente Jormungand, a enorme Serpente Midgard, cujas muitas bobinas circundavam o mundo. Ele também foi desafiado a lutar contra uma mulher velha murcha; ele perdeu a luta, não sabendo que ela era realmente a personificação da velhice, a quem ninguém poderia melhor.

Uma vez, durante uma expedição de pesca, Thor fisgou Jormungand e com sua força monumental foi capaz de puxar o monstro para fora do oceano. Ele quase conseguiu içar parte da enorme criatura para dentro do barco, embora ela tenha cuspido veneno nele. Ele não conseguiu matar a serpente, no entanto. O gigante Hymir, no barco com Thor, ficou tão aterrorizado com o cabo de guerra entre deus e monstro que cortou a linha de pesca quando Thor estava prestes a rachar seu crânio com seu martelo, e a serpente afundou de volta nas profundezas.

Thor estava destinado a lutar contra a serpente Jormungand novamente na época de Ragnarok, o fim do mundo. De acordo com o Prosa (ou Younger) Edda, naquela época fatídica, o melhor lutador entre os deuses conseguiria matar a serpente, mas ele estaria muito ocupado lutando contra ela para ajudar seu pai Odin, que morreria lutando contra o feroz lobo Fenrir. O próprio Thor morreria do veneno que a serpente cuspia nele, depois de dar apenas nove passos de distância do corpo da serpente.

---

1) Quais são algumas semelhanças entre Thor e Zeus?
2) Para quem você imigraria para Asgard se tivesse a escolha entre Thor ou Odin (ou ambos)?
3) Por que é que Thor é conhecido, entre outras coisas?
4) Você prefere a versão nórdica de Thor ou a versão cinematográfica de Thor?

Mjolnir

O martelo mágico de Thor

Mjolnir (Miller), produziu relâmpagos e foi a arma indispensável de Thor contra os inimigos dos deuses e dos homens. Com ela, Thor era invencível em batalhas com gigantes da geada, gigantes das montanhas, ogros das montanhas, trolls e outros monstros e demônios que ameaçavam o céu e a Terra.

Após ser jogado, o martelo voltaria, como um bumerangue, para a mão de Thor. Ele tinha um par de manoplas de ferro mágicas que sempre usava quando empunhava Mjolnir, já que sem elas não conseguiria agarrar o poderoso eixo do martelo. O povo nórdico acreditava que quando o solo foi atingido por um raio, Thor havia mandado seu martelo cair sobre a terra.

Mjolnir foi forjado por um anão chamado Sindri. Enquanto ele o criava, Loki, o deus do fogo trapaceiro, disfarçou-se de mosca e tentou interferir no trabalho de Sindri, zumbindo ao seu redor. Como resultado, o cabo de Mjolnir era invulgarmente curto. No entanto, um golpe do martelo de Thor foi tão poderoso que resultaria em morte imediata.

Embora Mjolnir pudesse ser o portador da morte, ele também era um símbolo de vida e fertilidade em conexão com a influência de Thor sobre as chuvas e, por extensão, boas colheitas. Ele traria bênçãos durante o casamento, mantendo os poderes malignos longe do casal e prometendo fecundidade para a noiva.

A imagem do martelo de Thor foi encontrada em muitas estelas funerárias, gravuras rupestres e pedras que ostentam inscrições rúnicas. Durante o início da era cristã na Escandinávia, ela também pode ter sido usada como sinal de protesto contra a lei de que somente a cruz de Cristo poderia ser retratada em monumentos.

Questões de pesquisa

1) Você já viu o martelo de Thor na televisão antes?
2) Você prefere um Mjolnir com apenas um uso ou uma maçã com frutas sem fim de vida?
3) Como pronunciar Mjölnir?

Tyr

Deus da guerra, justiça na batalha, vitória e, glória heróica

A palavra inglesa Tuesday vem do nome Tyr, e a palavra alemã para Tuesday, Dienstag, está ligada ao deus, como é a antiga palavra nórdica, que significa uma assembléia de guerreiros.

Tyr é um deus da guerra e da coragem. Filho do deus chefe Odin, Tyr perdeu sua mão direita quando foi mordido no pulso pelo monstruoso lobo Fenrir. De acordo com o "Edda Prosa (ou Jovem)", Tyr era o mais corajoso e valente dos deuses, e tinha grande poder sobre a vitória em batalhas.

Embora pouco se saiba de seu culto hoje, acredita-se que Tyr seja o mais antigo dos deuses do noroeste europeu. Sua importância para os primeiros povos germânicos não é contestada, mas é difícil determinar sua função e significado precisos. Seu nome tem sido associado aos deuses romanos Júpiter e Marte, e a assembléias nas quais os guerreiros resolvem disputas.

Sabe-se também que Tyr teve algo a ver com a magia rúnica e a sacralidade dos juramentos. Como a importância de Odin começou a aumentar no panteão nórdico, a partir do anúncio do século I, a provável posição de Tyr como deus principal foi eclipsada.

Sua função como deus da batalha também diminuiu com o aumento da popularidade de Thor. Na época da 'Prosa Edda', Tyr era conhecido como um deus a quem "homens de ação" deveriam rezar, e ele estava associado principalmente com o mito do leashing do lobo Fenrir.

De acordo com essa lenda, quando Fenrir ainda era uma cria, Tyr empreendeu a perigosa tarefa de alimentá-la. Ele cresceu tão rapidamente que os deuses perceberam que poderia destruí-los. Eles tentaram acorrentá-la com o pretexto de testar sua força, mas duas vezes o lobo quebrou os grilhões.

Finalmente, os deuses encarregaram os anões de forjar uma corrente mais forte, e eles produziram um cordão mágico, Gleipnir. Fenrir tinha razão ao suspeitar deste cordão - que, ao contrário dos outros grilhões, era esbelto como uma fita - mas em vez de ter sua coragem questionada, ele disse que os deixaria colocá-lo sobre ele se alguém ao mesmo tempo colocasse sua mão em sua boca como um juramento de boa fé. Nenhum dos deuses, é claro, queria fazer isso.

Então Tyr se apresentou e silenciosamente colocou sua mão direita na boca do lobo. Só então o lobo se permitiu ser amarrado. Fenrir deu um pontapé e se esforçou para quebrar a ligação e percebeu que não podia quebrá-la, e os deuses não o deixavam solto.

Ele percebeu que havia sido enganado e fechou a boca na mão de Tyr, mordendo-a. Esta mutilação sacrificial, feita para o bem do mundo, demonstra a conexão de Tyr com o cumprimento dos juramentos.

Em Ragnarok, a batalha entre deuses e demônios que aconteceria no fim do mundo, Tyr foi destinado a matar - e ao mesmo tempo ser morto por Garm, o cão de caça de Hel, a deusa do submundo.

Questões de pesquisa

---

1) O que você acha de Tyr?
2) Se lhe fosse dada a oportunidade de conhecer algum Deus nórdico, você iria?
3) Se você tivesse que igualar uma deusa nórdica e uma gigante nórdica, quem seriam elas?

Ull

Também se soletra Ullr.

Um deus associado aos esquis e ao arco

Ull é um deus caçador. Ele era o filho de Sif, que era casado com o deus trovão, Thor. Ele era um soberbo arqueiro e um sapateiro, e ele era o deus a invocar quando se estava prestes a entrar em combate solteiro.

Embora não se saiba muito sobre Ull, há evidências de seu culto em grandes áreas da Escandinávia, notadamente nas províncias centrais da Suécia e Noruega. Ele era fisicamente bonito e nobre. Seu nome significa "magnífico". De acordo com um mito, em algum momento Ull reinou como divindade principal por um período de dez anos enquanto o deus principal, Odin, foi banido pelos outros deuses por suas dalliances românticas. No retorno de Odin, Ull foi para a Suécia e aprendeu a arte da magia.

Ull tornou-se um mágico tão poderoso que conseguiu navegar pelo mar em um osso que havia gravado com sinais mágicos. Seu esporte favorito, porém, era perseguir o jogo com arco e flecha através das montanhas em suas rápidas raquetes de neve.

Questões de pesquisa

---

1) Nome sone of Ull's traits
2) Você tem um mito nórdico favorito ou uma lenda nórdica que se relaciona com a agricultura ou a vida agrícola?

Vali

Também se soletra Ali.

Deus da vingança

Vali é um filho do deus principal, Odin, e de uma gigante chamada Rinda. Embora não se saiba muito sobre ele, segundo o 'Prose (ou Younger) Edda', ele foi ousado na batalha e um excelente atirador.

Vali cresceu para a vida adulta em um único dia. Ele nunca lavou as mãos nem penteou o cabelo. Vali matou o deus cego Hod, outro filho de Odin, para vingar a morte do bom e belo deus Balder, a quem Hod havia sido enganado para matar pelo deus do fogo trapaceiro Loki. Por isso Vali está associado a atos de vingança.

Vali, junto com seu irmão, Vidar, e dois filhos de Thor chamados Modi e Magni, acreditavam ser os únicos deuses que sobreviveriam a Ragnarok, a batalha no fim do mundo.

Questões de pesquisa

---

1) Você conhece outros escritos ou filmes famosos que reimaginam o mundo durante um cenário da era Viking?
2) O que você pensa sobre o futuro da mitologia nórdica, já que ela tem sido uma das mitologias mais utilizadas na cultura popular?

Vili & Ve

Também chamado Lothur.

Deuses da Terra

Odin, Vili e Ve, os três filhos de Bor e a gigante Bestla, foram os primeiros deuses de Aesir. Eles eram fortes, justos e bons, e travaram uma guerra contra o gigante Ymir e sua prole, os terríveis gigantes da geada.

Juntos Odin, Vili, e Ve mataram Ymir. Eles pegaram seu enorme corpo e o colocaram no meio do Ginnungagap, o abismo que se espalhou do gelo congelado de Niflheim para o reino ardente de Muspelheim. Do corpo de Ymir eles criaram a paisagem do mundo: fizeram a terra a partir de sua carne; as montanhas a partir de seus ossos; as pedras e rochas de seus dentes e nós dos dedos quebrados; os lagos, rios e mares a partir de seu sangue; e as árvores e grama a partir de seus cabelos.

Eles colocaram seu crânio bem acima da Terra para formar o firmamento. Os cérebros de Ymir tornaram-se as nuvens flutuando dentro deste céu feito de crânio. Cada um dos quatro cantos do céu foi segurado por um anão; seus nomes eram Leste, Oeste, Sul e Norte.

Um dia, depois de completar esta tarefa, os três Aesir estavam caminhando pela orla marítima quando encontraram dois pedaços de madeira à deriva - um de carvalho, o outro de cinza. Destes, os deuses branquearam dois seres, o primeiro homem e a primeira mulher.

Odin lhes deu fôlego e vida, Vili lhes deu compreensão e poder de sentir, e Ve lhes deu calor e sentidos humanos de fala, audição e visão. Os três deuses deram a eles roupas para usar. O homem foi chamado Ask (Ash) e a mulher Embla (Oak), e todos os seres mortais descendiam deles. Os deuses designaram Midgard como o lugar onde esses seres mortais poderiam viver.

Uma história ligeiramente diferente da criação da humanidade aparece no 'Edda Poético (ou Ancião)'. Nesta versão, os três filhos de Bor são chamados Odin, Hoenir e Lothur.

Questões de pesquisa

---

1) Quantos deuses nórdicos, deusas e gigantes existem no total?
2) O que é um deus nórdico, deusa ou gigante incrível e menos conhecido que você possa lembrar?

Vidar

Também se soletra Vithar.

Deus da Vingança

Um deus forte e silencioso que era o filho do principal deus Odin, e que estava destinado a sobreviver a Ragnarok, a batalha no fim do mundo. Embora não se saiba muito sobre Vidar, de acordo com o 'Prosa (ou Younger) Edda', ele era quase igual em força a Thor e era uma fonte de grande apoio aos outros deuses em qualquer tipo de perigo.

Durante o Ragnarok, o monstruoso lobo Fenrir engoliria Odin e o mataria. Imediatamente, Vidar se adiantaria e pisaria na mandíbula inferior do lobo.

No pé com que pisava a mandíbula; ele usava um sapato para o qual o material era coletado ao longo do tempo. O sapato seria feito das peças do dedo do pé e do calcanhar que eram cortadas e jogadas fora quando os sapatos das pessoas eram feitos. Por esta razão, pensava-se que qualquer um dos nórdicos que desejasse ajudar a Aesir deveria jogar essas peças fora.

Com uma mão, Vidar mataria o lobo agarrando sua mandíbula superior e rasgando sua boca. Então, ele furava o coração do lobo com sua espada, vingando a morte de seu pai. Vidar seria um dos poucos deuses a sobreviver à batalha e, em seguida, moraria nos lugares santos dos deuses em um novo mundo.

Questões de pesquisa

---

1) O que você mais gosta no Vidar?
2) Você conhece uma história interessante ou tola sobre deuses nórdicos, deusas e gigantes?

Asynjur

Também se soletra Asyniur.

As deusas do Aesir, lideradas por Frigg

Nota: As donzelas de Odin, as Valquírias, também são consideradas Asynjur.

Coletivamente, as deusas da mitologia nórdica. No antigo norueguês, a palavra é a forma feminina de Aesir. Havia muitas deusas no panteão nórdico, mas hoje em dia há poucas informações sobre a maioria delas.

Embora os povos nórdicos tenham dado grande importância às sacerdotisas em seus cultos e um alto valor aos conselhos das mulheres, no entanto, a mitologia dos Vikings se baseou principalmente em seu foco cultural na batalha e nos guerreiros e, portanto, a maioria das histórias que sobreviveram são as dos deuses e não as deusas.

Alguns dos Asynjur são bem conhecidos por seu próprio direito e são mencionados em mitos nórdicos específicos. Eles são freqüentemente referidos em seu papel de esposa de um determinado deus: A esposa de Odin, Frigg; a esposa de Thor, Sif; a esposa de Balder, Nanna; a esposa de Njörd, Skadi; a esposa de Frey, Gerd; a esposa de Loki, Sigyn; e a esposa de Bragi, Idunn. No caso da maioria dos Asynjur, no entanto, pouco ou nada mais é conhecido além de seus nomes.

A 'Prosa (ou Younger) Edda' islandesa do século 13 nomeia Frigg como a mais alta do Asynjur. A deusa da fertilidade Freya é a próxima mais alta no ranking, diz ela, embora sua origem não seja com o Aesir, mas com o Vanir.

A 'Prose Edda' também nomeia as seguintes figuras como Asynjur: Eir, um bom médico; Gefiun, uma deusa virgem que cuida das virgens; Fulla, confidente de Frigg; Siofn, uma deusa do amor e do afeto; Lofn, uma deusa que abençoa os casamentos e implora a Odin e Frigg pelos casos de amantes aos quais foi recusada ou proibida a permissão para se casar; Var, que ouve os juramentos e acordos privados entre homens e mulheres e castiga aqueles que os quebram; Vor, uma deusa sábia da qual nada pode ser ocultado; Syn, deusa da negação, que guarda as portas dos salões e as fecha contra aqueles que não podem entrar; Hiln, deusa do refúgio, cuja tarefa é proteger as pessoas que Frigg deseja salvar do perigo; Snotra, uma deusa da sabedoria e da cortesia; Gna, que viaja pelo céu e pelo mar em seu cavalo, Hofvarpnir, para realizar os desejos de Frigga; Sol, que dirige a carruagem do sol; Bil, o companheiro da lua; a mãe de Thor, Senhor; a mãe de Vali, Rind; e Saga, cujo nome significa "história"."

Questões de pesquisa

1) Qual é o deus ou deusa nórdica mais perigoso?
2) Você consegue pensar em algum deus nórdico ou deusa que seja semelhante a nomes comuns?

Frigg

Também se escreve Frigga.

Deusa do amor, do casamento, da fertilidade, da família, da civilização e de uma profetisa

Os romanos associaram Frigg a Vênus. Frigg aparece no ciclo lírico de Richard Wagner "O Anel dos Nibelungos" como a deusa Fricka, esposa do deus mais alto, Wotan (a versão germânica de Odin).

Frigg é a deusa principal, esposa do deus principal Odin. Seu nome significa "esposa" ou "amada", e ela era a deusa do casamento, associada ao amor e à fertilidade. Um de seus filhos era o deus amado, mas condenado, Balder.

No reino celestial de Asgard, Frigg viveu em um magnífico palácio chamado Fensal. Ela às vezes se vestia com a plumagem de falcões e falcões, e ela também podia viajar na forma destas aves.

Frigg tinha 11 serviçais: Fulla, Hlin, Gna, Lofn, Vjofn, Syn, Gefjon, Snotra, Eir, Var, e Vor, que ajudaram a deusa em seu papel de deusa do casamento e da justiça. Às vezes são considerados como vários aspectos da própria Frigg e não como seres distintos.

Tanto no 'Edda Poético (ou Ancião)' como no 'Edda Prosa (ou Mais Jovem)' Frigg é nomeado como esposa de Odin e como a mãe do Aesir. Como esposa de Odin, ela era a mais alta dos Asynjur, as divindades femininas do panteão nórdico. Embora Frigg amasse Odin, ela era conhecida por ter tido um caso ocasional. Odin também não era um marido fiel; os rivais de Frigg incluíam Rind, Gunnlod, e Grid.

Frigg também era uma vidente que conhecia o futuro, mas nunca falou dele, nem mesmo a Odin, embora ele soubesse que ela tinha esse poder. Frigg não é mencionada em detalhes na literatura sobrevivente. Seu papel mais proeminente está na história da morte de Balder.

Depois que seu filho Balder começou a sonhar que estava em grande perigo, Frigg viajou por toda parte na Terra, pedindo a tudo no mundo para não prejudicar seu filho.

Uma vez feitas essas promessas, os deuses começaram a se divertir atirando armas e atirando flechas nele por esporte, já que qualquer coisa que eles atiravam nele seria simplesmente desviada. Mas Loki, o deus dos artifícios de fogo, enganou Frigg para que ela confidenciasse que ela havia dispensado um jovem ramo de visco de fazer o voto.

Loki imediatamente saiu e reuniu um eixo de visco, levou-o de volta à assembléia onde os deuses ainda se divertiam atirando coisas em Balder, e enganou o deus cego Hod para atirar em Balder, que foi imediatamente morto.

Acredita-se que Frigg tenha se originado como uma deusa Mãe da Terra muito mais antiga e amplamente adorada, identificada como Jorth (também soletrada Jörth ou Iord), Fjorgyn, ou Nerthus. Na 'Prosa Edda', Frigg é identificada como a filha de Fjorgyn (também soletrada Fiorgvin, Fjorgvin, ou Fiorgyn). Frigg às vezes também é confundida com a deusa Freya-both são divindades do amor e da fertilidade. Outras deusas, sobre as quais quase nada se sabe, também são identificadas com Frigg, incluindo algumas das que são nomeadas como suas servas: Gefjon, Hlin, Saga, e Eir.

Questões de pesquisa

---

1) Quem é sua deusa nórdica favorita?
2) Qual deusa grega é semelhante a Figg?

Gerd

Deusa da fertilidade, que está associada com a terra

Gerd é uma das deusas Asynjur e esposa do deus da fertilidade Frey. Filha dos gigantes da montanha Gymir e Aurboda, Gerd era, segundo a 'Prosa (ou Younger) Edda', a mais bela de todas as mulheres.

Frey se casou com Gerd depois de ter sofrido um longo período de amores. Frey tinha espiado Gerd um dia enquanto estava sentado no trono alto de Odin, Hlidskjalf. Ele a viu na casa de seu pai em Jotunheim, a terra dos gigantes, entrando em um grande edifício. Frey se apaixonou profundamente, e começou a se apaixonar desesperadamente por Gerd.

Gerd teria morrido de amores se seu servo Skirnir não tivesse se voluntariado para ir a Jotunheim e pedir a mão de Gerd em nome de Frey. Em troca deste perigoso recado, porém, Skirnir pediu a espada mágica de Frey. Frey concordou, e, armado com esta espada, Skirnir foi capaz de enfrentar os perigos de Jotunheim.

As terras do Gymir estavam bem protegidas: as paredes estavam cercadas por chamas, e cães ferozes e um vigilante patrulhava o portão. Skirnir passou por todos os obstáculos, no entanto, e Gerd, ouvindo a comoção resultante, veio até a porta. Skirnir contou a ela porque ele tinha vindo e lhe ofereceu presentes - 11 maçãs feitas de ouro puro e o anel mágico de Odin, Draupnir - se ela se casaria com seu mestre.

Quando ela recusou, Skirnir brandiu com raiva a espada mágica de Frey e ameaçou gravar runas mágicas em um feitiço que mandaria Gerd para um deserto solitário e a faria desaparecer como um cardo no gelo. Gerd ficou com medo e em um gesto de reconciliação ofereceu a Skirnir uma tigela de hidromel. Então, ela concordou em se encontrar e casar com o deus nove noites depois.

Além de sua relação com Frey, pouco é dito sobre Gerd na literatura sobrevivente. Gerd tinha uma irmã chamada Belli e talvez tenha sido a personificação da Aurora Boreal, as Luzes do Norte.

---

1) Quais são alguns tópicos menos conhecidos sobre as histórias nórdicas que seriam absolutamente fascinantes de se ouvir?
2) Que traço de personalidade falta à maioria dos deuses nórdicos?

Idunn

Também se soletra Idun, Ithunn, Ithun, ou Iduna.

Deusa da primavera e do rejuvenescimento

Idunn é a deusa que guardava e distribuía as maçãs douradas da juventude, e esposa de Bragi, o deus da poesia. Idunn era uma presença essencial no reino celestial de Asgard, pois sem suas maçãs, os deuses envelheceram e se tornaram doentes como qualquer mortal.

Uma das principais lendas sobre Idunn diz respeito a um episódio no qual ela é seqüestrada pelo gigante Thiassi. A história do seqüestro e recuperação de Idunn é contada na seção "Skaldskaparmal" da "Prose (ou Younger) Edda".

Numa viagem através das montanhas, os deuses Odin, Loki e Hoenir (Vili) passaram fome. Eles desceram a um vale e viram uma manada de bois, então pegaram um dos bois e o colocaram em um forno de terra. Várias vezes, julgando que a carne deveria ser feita, eles verificaram o forno, apenas para descobrir que ainda estava crua. Uma águia grande, sentada num carvalho acima deles, disse que era o responsável, e que se os deuses lhe concedessem o enchimento do boi, o forno o cozinharia. Os deuses concordaram.

A águia sentou-se no forno e imediatamente devorou os dois presuntos e os dois ombros do boi. Loki ficou furioso, pegou uma grande vara e a balançou contra a águia com todas as suas forças. A águia masturbou-se e voou com uma ponta da vara presa ao seu corpo e a outra ponta nas mãos de Loki. A águia voou de modo que os pés de Loki bateram contra as pedras e cascalho e árvores e Loki pensou que seus braços seriam arrancados de seus ombros. Loki gritou e implorou à águia que o libertasse, mas a águia disse que Loki nunca se libertaria a menos que ele jurou solenemente atrair a deusa Idunn para fora de Asgard com suas maçãs.

A Loki aceitou os termos. A águia o libertou e ele encontrou seu caminho de volta aos outros dois deuses, mas ele não lhes contou nada sobre o que havia acontecido. No momento acordado, Loki atraiu Idunn de Asgard para uma floresta, dizendo que havia encontrado algumas maçãs que ele achava que ela iria querer, e disse a ela para trazer suas maçãs para compará-las. Então, a águia chegou. A águia era realmente a gigantesca Thiassi disfarçada. Ele pegou a Idunn e voou com ela para sua casa, chamada Thrymheim.

Sem as maçãs da juventude de Idunn, os outros deuses logo se tornaram cinzentos e velhos. Os deuses então fizeram um conselho a respeito de seu misterioso desaparecimento e perguntaram um ao outro quando tinham visto Idunn pela última vez. Eles descobriram que a última vez que ela foi vista foi com Loki. Loki foi presa, levada ao conselho, e ameaçada de morte ou tortura. Apavorado pela sua vida, ele disse que iria em busca de Idunn em Jotunheim (Giantland) se Freya lhe emprestasse a forma de um falcão que ela possuía.

Nesta forma de falcão, ele voou para o norte para Jotunheim e chegou um dia em Thrymheim. Thiassi estava no mar em um barco, mas Idunn estava em casa sozinho. Loki a encontrou e a transformou na forma de uma noz. Ele a segurou em suas garras e voou o mais rápido que pôde na direção de Asgard. Quando Thiassi chegou em casa e encontrou Idunn, ele assumiu sua forma de águia e voou atrás de Loki. Ele voou tão rápido e duro que causou ventos de tempestade.

De Asgard, os deuses puderam ver o falcão se aproximando com a noz em sua garra, e a enorme águia perseguindo-a. A águia estava se recuperando. Eles foram para fora de sua fortificação e empilharam muitas aparas de madeira.

Assim que o falcão voou sobre o muro em segurança, os deuses atearam fogo às aparas de madeira. Incapaz de diminuir a velocidade, a águia voou para o fogo, e os deuses conseguiram matá-la dentro dos portões de Asgard. A matança do gigante Thiassi foi um ato de grande renome entre os deuses, e assim que voltaram a ter as maçãs de Idunn, eles recuperaram sua juventude e vigor.

---

1) Como você descreveria a personalidade de uma divindade particular, com base em um traço?
2) Qual história nórdica teve mais impacto na forma como você se vê ou se relaciona com os amigos?

Nanna

Deusa associada à alegria, à paz e à lua

Nanna é uma deusa e a esposa do belo deus Balder. Ela era a mãe de Forseti, o deus da justiça. Seu nome significa "mãe dos corajosos". Pouco se sabe sobre Nanna, exceto em sua conexão com Balder. A 'Prosa (ou Younger) Edda' menciona que ela era a filha de Nepa, que provavelmente era uma gigante.

Depois que Balder foi morto através do truque do deus do fogo Loki, todos os deuses e muitos outros seres se reuniram para um grande rito funerário. Nanna foi tão atingida pela dor que desmaiou durante o funeral e morreu de angústia. Ela foi imediatamente levada à pira de Balder no navio funerário e colocada ao lado de seu marido, e ambos os corpos foram queimados juntos quando o navio foi expulso para o mar.

Todos os deuses estavam tão aflitos com a perda de Balder que o deus Hermod viajou para o submundo para tentar negociar com a deusa Hel para o retorno de Balder ao reino celestial de Asgard.

Enquanto estava em Hel, Hermod visitou lá com os fantasmas de Balder e Nanna. Nanna - ainda uma senhora atenciosa e graciosa mesmo em Hel- gave Hermod um roupão de linho para Frigg, a esposa do deus principal, Odin, junto com outros presentes para trazer de volta aos vivos.

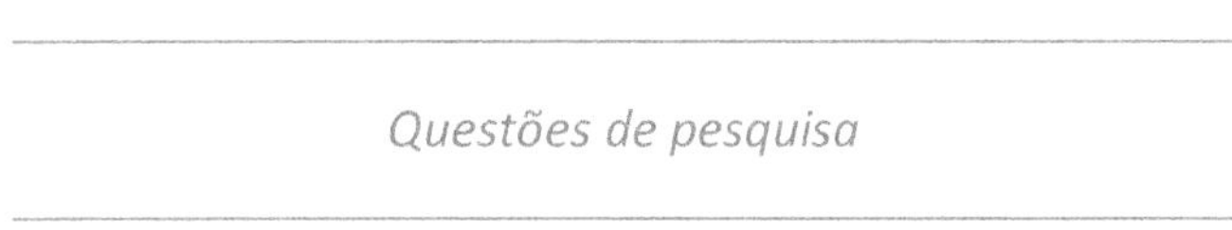

1) Quem foi o mais monstruoso de todos os deuses nórdicos, deuses, deusas ou gigantes em sua opinião?
2) Quais são seus filmes favoritos sobre a mitologia norueguesa?

Sif

Deusa da colheita e da terra

Sif é a esposa do deus do trovão, Thor. Sif era uma deusa gigante, deusa dos cereais e da fertilidade, e uma das Asynjur. Ela era a mãe de Ull, deus do arco e flecha, do esqui e do combate único. Sif era a segunda esposa de Thor, e Ull era seu enteado.

Os cabelos dourados de Sif, que simbolizavam sua conexão com a fertilidade da terra e a colheita dos grãos, eram muitas vezes elogiados. Ela era conhecida por ser muito vaidosa em relação a sua beleza.

Segundo a lenda, Loki, o deus malandro do fogo, cortou o cabelo de Sif enquanto ela dormia (em uma versão, ele o queima). Thor ficou tão bravo que forçou Loki a substituir o cabelo de Sif por uma peruca, feita pelos anões e feita com os mais finos fios de ouro.

Sif é considerado por algumas autoridades como sendo o equivalente da deusa anglo-saxônica Sib e da Sippia teutônica.

---

1) Por que as pessoas optariam por adorar alguns desses seres mais violentos como Odin ou Thor?
2) De onde vêm os gigantes noruegueses?

Sigyn

Deusa da terra

Sigyn é uma das deusas Asynjur, e a esposa de Loki, o deus do fogo trapaceiro. Seu nome significa "Doador da Vitória". Por Loki ela tinha um filho chamado Nari, ou Narfi. Mas não se sabe muito sobre Sigyn pela literatura sobrevivente, exceto em sua conexão com o destino de Loki.

O 'Prosa (ou Younger) Edda' conta como o deus mau Loki, responsável pelo assassinato do amado deus Balder, foi finalmente capturado pelos deuses de Aesir. Loki foi levado para uma caverna e amarrado a três lajes de pedra. A deusa Skadi colocou então uma serpente venenosa acima da cabeça de Loki para que o veneno ardente pingasse sobre seu rosto.

Lá, Loki estava condenado a permanecer em seus laços até Ragnarok, a batalha final entre as forças do bem e do mal, quando ele se libertaria e lideraria os denizens do submundo na batalha contra os deuses. Até aquele momento, Sigyn, sua fiel esposa, se agachou entre ele e a enorme serpente acima de sua cabeça.

Sigyn pacientemente pegou cada uma das gotas de veneno em uma bacia. Cada vez que a bacia ficava cheia, no entanto, ela tinha que esvaziá-la, e assim, por esse breve tempo, o veneno pousaria na testa de Loki e o revistaria. Então ele agonizava e puxava suas amarras, e a Terra roncava e sacudia da força. Esta era a explicação nórdica para os terremotos.

Questões de pesquisa

1) Você poderia acreditar em contos e lendas nórdicas sobre deuses e deusas se você tivesse nascido antes? Por que ou por que não?
2) Por que tantas histórias nórdicas envolvem a Loki?

Vanir

Uma raça de deuses nórdicos que guerrearam contra e mais tarde se reconciliaram com o Aesir

Os Vanir são uma das duas principais raças de deuses. As histórias da outra raça principal, a guerreira Aesir, predominaram na mitologia nórdica que desceu através do 'Edda Poético (ou Ancião)' e 'Edda Prosa (ou Mais Jovem)'.

Os Vanir, que estavam mais associados à agricultura, são portanto menos conhecidos do que os Aesir. Embora fossem subordinados ao Aesir, acredita-se que os Vanir tenham sido pré-datados ao Aesir.

Os deuses e deusas Vanir incluíam Boda, Bil, Eir, Fimila, Fjorgyn, Freya, Frimla, Fulla, Gefjon, Gerda, Gna, Hnossa, Horn, Njord, Saga, Sit, Siguna, e Vanadis. As deusas Frigg e Nanna eram ambas Vanir, embora estivessem casadas com os deuses Aesir Odin e Balder. Skadi, esposa de Njord, é contada entre os Vanir, embora ela fosse filha de um gigante. Alguns estudiosos acreditam que a palavra Escandinávia vem de Skadi.

O lugar de residência do Vanir era Vanaheim. Ali eles dominavam os poderes da natureza, da riqueza, da fertilidade e do comércio. Tem sido sugerido que os povos entre os quais os deuses Vanir se originaram eram marinheiros, uma vez que muitos dos Vanir tinham conexões especiais com o mar.

De acordo com a tradição, há muito tempo os Aesir e os Vanir travaram uma guerra. Em um relato, a guerra começou quando os Vanir atacaram a Aesir porque a Aesir havia torturado a deusa Gullveig, uma sacerdotisa ou feiticeira Vanir. Os Vanir ultrajados exigiam satisfação monetária ou status igual ao dos deuses.

Mas a Aesir recusou e declarou guerra contra os Vanir. Ambos os lados lutaram corajosamente, mas apesar de suas proezas em combate, a Aesir sofreu numerosas derrotas. A maioria dos relatos diz que a guerra terminou em tréguas quando nenhum dos lados pôde marcar uma vitória decisiva.

Foi acordado que, para fazer a paz, cada lado faria reféns do outro. Assim, os deuses Aesir Hoenir e Mimir foram enviados para viver entre os Vanir, enquanto o deus Vanir Njord e seus dois filhos, Frey e Freya, se estabeleceram entre os Aesir. Posteriormente, estes deuses Vanir deveriam ser associados ao Aesir.

A paz foi simbolicamente restaurada por um ritual no qual ambos os lados cuspiram em Odherir, um caldeirão mágico, misturando sua saliva. De sua saliva combinada, formou-se um deus-poeta chamado Kvasir, que era o mais sábio dos sábios. Em alguns relatos, Kvasir foi morto por anões; em outros, ele mesmo era um anão. Seu sangue foi misturado com mel, e um hidromel mágico resultou que inspirou qualquer um que o bebesse a falar com poesia e sabedoria.

---

1) Qual Deus ou Deusa Nórdica você acha que seria o mais difícil de se viver?
2) Quem era a deusa nórdica das travessuras?

Frey

Também se soletra Freyr.

Deus da agricultura, da prosperidade, da vida e da fertilidade

Frey é um deus da riqueza e da colheita, e deus padroeiro da Suécia e da Islândia. O belo Frey tinha poder sobre a chuva e o sol, colheitas abundantes, boa fortuna, felicidade e paz. Ele era o irmão da deusa da fertilidade Freya. Seu pai era Njord, um deus do mar, que também governava sobre a prosperidade e as boas colheitas.

Frey e Freya eram divindades Vanir associadas à agricultura e subordinadas aos deuses Aesir bélicos, que estavam associados à batalha e à vitória.

De acordo com os mitos, uma vez eclodiu a guerra entre os deuses Aesir e os deuses Vanir. Como parte do tratado de paz, houve uma troca de reféns, e Njord, Frey e Freya deixaram Vanaheim, a casa dos Vanir, e foram viver com os deuses de Aesir em Asgard.

Em Asgard, Njord era casada com Skadi, filha de um gigante chamado Thiassi, mas de acordo com um relato, a mãe de Frey e Freya era a própria irmã de Njord, com quem ele se casou em Vanaheim antes de se tornar refém.

Frey governava o domínio dos elfos. Ele tinha um cavalo mágico chamado Blodighofi (Bloody-Hoof). Ele também conduzia uma carruagem brilhante que podia viajar tanto pelo ar quanto pelo mar, tão facilmente à noite como durante o dia. Esta carruagem foi desenhada por um javali com cerdas douradas chamado Gullenbursti. Um culto ao javali foi assim associado ao Frey; ainda hoje na Suécia sobrevive um costume no qual os bolos Yule são cozidos na forma de um javali. Em várias fontes Frey é descrito como o ancestral da linhagem dos reis suecos.

O navio mágico do Frey, o Skidbladnir, sempre foi direto para seu destino e era grande o suficiente para manter todo o Aesir em seu conjunto de batalha, mas portátil o suficiente para dobrar no bolso do Frey quando em terra.

Frey casou-se com Gerd, filha dos gigantes da montanha Gymir e Aurboda, após um longo período de amores. Frey um dia se aventurou a sentar-se no trono alto de Odin, Hlidskjalf, do qual se podia ver tudo em todos os lugares. No longínquo norte de Jotunheim, a terra dos gigantes, Frey espiou uma grande propriedade rural pertencente ao pai de Gerd.

Frey viu Gerd entrando em um prédio ali e ficou impressionado com sua beleza. Ele se apaixonou profundamente e começou a pugnar desesperadamente por Gerd. Ele deixou o trono de Odin, cheio de tristeza. Quando chegou em casa, ele não falava, dormia ou bebia. Njord pediu ao servo de Frey Skirnir que descobrisse o que estava errado com seu filho. Frey confessou a Skirnir que estava tão cheio de tristeza por amor a Gerd que não viveria muito mais se não pudesse tê-la.

Skirnir concordou em ir a Jotunheim e pedir a mão de Gerd em nome de Frey, se Frey lhe desse sua espada, uma arma mágica que se balançaria sozinha. Skirnir fez o recado e conseguiu que Gerd concordasse em casar com Frey. Ela disse que encontraria Frey e se casaria com ele em um bosque sagrado chamado Barey nove noites mais tarde. Quando Skirnir levou sua resposta ao Frey, seu coração estava cheio de alegria.

Na época de Ragnarok, a batalha final entre os deuses e as forças do mal que ocorreria no fim do mundo, Frey estava destinado a ser um dos primeiros deuses a morrer; ele lutaria contra o gigante do fogo Surt e pereceria porque não tinha mais sua espada mágica.

100

1) O que você faria se Frey estivesse na sua frente agora mesmo?
2) Quais são os papéis de Frey no Panteão Nórdico?

Freya

Freya, também se soletra Freyia, Freyja, ou Frea.

Deusa da fertilidade, do amor, da beleza, da magia, da guerra e da morte

Freya é a deusa do amor, da beleza, da juventude e da fertilidade. Seu irmão era Frey, também um deus da fertilidade, e, como seu pai, Njord, um deus da riqueza.

A mais bela das deusas Asynjur, Freya era considerada apenas a segunda no ranking de Frigg, a esposa de Odin, com quem às vezes ficava confusa. Freya era também a deusa de uma forma de magia, chamada seiyr, que ela ensinava a Odin e ao outro Aesir.

Como seu irmão e seu pai, Freya era um dos deuses Vanir agrícolas e não os deuses guerreiros Aesir, mas foi enviada para viver entre os Aesir em seu reino celestial de Asgard como parte de um tratado de paz entre os dois grupos.

Em Asgard, Freya vivia em um belo palácio chamado Folkvangar (Campo das Pessoas), que continha um grande salão chamado Sessrumnir (Rico em Festas). Como as Valquírias, Freya pesquisou os campos de batalha para encontrar as almas dos valentes. Ela viajou em uma carruagem conduzida por dois gatos.

Quando os guerreiros foram mortos em batalha, ela tinha direito à metade dessas almas; o resto pertencia a Odin. Freya seria sua anfitriã para banquetes em Sessrumnir. Às vezes ela também esperava nas almas dos heróis no salão de banquetes de Odin, Valhalla, junto com as Valquírias.

Freya era casada com Od (também se soletra Ódr ou Odur), sobre quem pouco mais se sabe, exceto que tinham uma filha chamada Hnoss, que se dizia ser tão bela e preciosa quanto um tesouro. Od estava frequentemente fora em viagens.

Quando ele se foi, Freya chorou lágrimas de ouro puro em seu anseio por ele. Algumas vezes ela viajou em busca de Od e adotou outros nomes, tais como Mardoll (Shining over the Sea), Horn, Gefn, Syr e Vanadjs, entre as pessoas que ela encontrou enquanto procurava seu marido.

Freya tinha uma reputação de aventuras sexuais, pelas quais era frequentemente repreendida. Ela era às vezes chamada de "cabra" por causa de seus negócios, e a gigantesca Hyndla comentou que "muitos roubaram sob sua cintura".

Como a Freya era consumadamente desejável, ela era freqüentemente pressionada por seus favores. O gigante que construiu a cidadela dos deuses tinha insistido na Freya como pagamento pela tarefa, e a deusa corria o risco de ter que cumprir o acordo até que os deuses Loki e Thor interviessem. Em outro episódio, o gigante Thrym roubou o martelo de Thor, Mjolnir, em uma tentativa de trocá-lo pela mão de Freya em casamento. Thor, com a ajuda de Loki, fez-se passar por Freya para enganar Thrym e recuperar seu martelo.

Freya adorava jóias e adornos, e seu bem mais famoso era o colar de Brisingamen. Ela viu por acaso os anões Brising, que eram ourives competentes, fazer este colar, e lhes ofereceu uma grande quantidade de ouro por ele.

Mas os anões recusaram o ouro. Ao invés disso, seu preço era que ela passasse uma noite com cada um deles. Ela concordou. Em uma conta, Loki roubou o famoso colar da Freya e o escondeu no mar em um lugar chamado Singastein. Loki se transformou em um selo a fim de ficar de olho nele. O filho de Odin, Heimdall, adversário perpétuo de Loki, também se transformou em um selo, e recuperou o colar para a Freya.

Mulheres de alto escalão na Escandinávia receberam o título de Freya, ou "Senhora". Freya era considerada uma divindade muito acessível, simpática a orações sobre assuntos do coração, e era conhecida por ser muito afeiçoada a canções de amor.

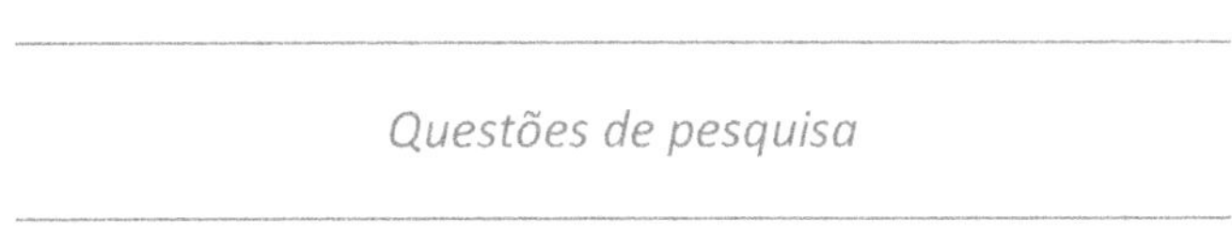

1) Quantas deusas com grandes poderes existem nas mitologias norueguesas?
2) Qual você acha que é a melhor arma que um deus nórdico poderia ter e por quê?

Njord

Também se escreve Njorth, Niord, ou Njordr.

Deus do mar, o vento, a fertilidade e padroeiro dos pescadores e marinheiros

Njord é uma divindade associada à riqueza e à boa fortuna que governou o mar e o curso dos ventos, e, portanto, a navegação. Os marinheiros o convidaram a dar-lhes viagens seguras e uma pesca abundante.

O nórdico acreditava que o Njord era tão rico que podia conceder grandes riquezas, em terras e posses, àqueles que lhe rezassem. Como ele estava associado à água e à umidade, ele também tinha o poder de apagar fogos indesejados.

Njord era o pai do belo deus Frey, que também estava associado à riqueza, e da bela deusa da fertilidade Freya. Embora ele fosse contado entre os deuses Aesir cujo chefe era o guerreiro Odin, Njord era originalmente um dos deuses Vanir associados às sociedades agrícolas.

Njord foi viver entre os Aesir, em seu reino celestial de Asgard, como parte de um acordo de paz entre os dois grupos beligerantes. Ele trouxe Frey e Freya com ele.

Njord era às vezes confundido com Aegir, outro deus do mar, que tinha uma esposa chamada Ran. Aegir pode ter sido mais importante na mitologia nórdica, mas na época dos Vikings, o Njord tinha eclipsado Aegir em importância. Os estudiosos acreditam que Njord era a masculinização de uma antiga deusa da fertilidade feminina chamada Nerthus (Mãe Terra), e isto pode explicar a história de que a primeira esposa de Njord foi sua própria irmã (Nerthus), por quem ele teve seus filhos Frey e Freya.

Em Asgard, Njord vivia em um grande palácio chamado Noatun (que significa "cercado de navios"), e por uma estranha circunstância tornou-se marido de uma gigante chamada Skadi. Skadi tinha vindo a Asgard para vingar a morte de seu pai, Thiassi, que tinha sido morto pelos deuses depois de seqüestrar a deusa Idunn.

Como reparação pela morte de seu pai, os deuses se ofereceram para deixar Skadi casar com um deles. Mas ela não podia vê-los - ela tinha que escolher vendo apenas os pés dos deuses. Os pés de um deus eram excepcionalmente bonitos, e ela o escolheu, assumindo que era o bonito Balder, mas na verdade esses pés pertenciam ao Njord.

Não era uma maneira auspiciosa de começar um casamento e, de fato, os dois não eram totalmente compatíveis. De acordo com o 'Prose (ou Younger) Edda', Njord amava sua casa à beira-mar, mas Skadi preferia o domínio de seu pai, Thrymheim, nas montanhas de Jotunheim (Giantland). Assim, inicialmente concordaram em alternar residências, ficando nove noites em Thrymheim e depois nove em Noatun.

Quando Njord voltou a Noatun de sua primeira viagem a Thrymheim, no entanto, ele disse que odiava as montanhas, com o som dos lobos uivando, e preferia seus cisnes junto ao mar. Skadi também não gostava de ficar em Noatun, porque, disse ela, os gritos das gaivotas a mantinham acordada.

Assim, depois de um tempo Skadi voltou às montanhas para morar, onde gostava de viajar em esquis e jogar tiro com arco e flecha. Depois disso, Njord permaneceu no palácio que amava junto ao mar, onde podia governar todas as coisas relacionadas com o marinheiro. "Njord's glove" era um termo nórdico poético para uma esponja.

1) Quem foi o deus ou deusa que mais o tem assustado como estudante de mitologia? Por quê?
2) Se uma pessoa comum quisesse se tornar um deus ou uma deusa na mitologia nórdica, como se tornaria isso?

Seu Presente

Você tem um livro em suas mãos.

Não é um livro qualquer, é um livro de livros para a imprensa estudantil! Nós escrevemos sobre os heróis negros, a capacitação das mulheres, mitologia, filosofia, história, e outros assuntos interessantes!

Desde que você comprou um livro, queremos que você tenha outro de graça.

Tudo o que você precisa é um endereço de e-mail e a possibilidade de assinar nossa newsletter (o que significa que você pode cancelar a inscrição a qualquer momento).

Então, do que você está esperando? Inscreva-se hoje e reclame seu livro gratuito imediatamente! Tudo o que você precisa fazer é visitar o link abaixo e digitar seu endereço de e-mail. Você receberá o link para baixar a versão em PDF do livro imediatamente para que possa ser lido offline a qualquer momento.

E não se preocupe - não há taxas de captura ou escondidas; apenas um bom brinde à moda antiga de nós aqui na Student Press Books.

Visite este link agora mesmo e inscreva-se para receber seu exemplar gratuito de um de nossos livros!

Link: https://campsite.bio/studentpressbooks

Livros

Nossos livros estão disponíveis em todos os principais revendedores de livros on-line. Confira os pacotes digitais de nossos livros aqui: https://payhip.com/studentPressBooksPTBR

A série de livros História da Negritude

Bem-vindo à série de livros História da Negritude. Conheça negros que são exemplos de conduta com estas biografias inspiradoras sobre negros inovadores da América, África e Europa. Todos nós sabemos que a História da Negritude é importante, mas pode ser difícil encontrar boas fontes.

Muitos de nós estamos familiarizados com uma desconfiança habitual em relação aos livros de cultura e história que apenas apresentam personagens muito populares, mas estes livros também apresentam heróis negros menos conhecidos e heroínas do mundo inteiro cujas histórias merecem ser contadas. Estes livros de biografia o ajudarão a entender melhor como o sofrimento e as ações das pessoas moldaram seus países e comunidades para gerações futuras.

Títulos disponíveis:

1. 21 Heróis Negros Inspiradores: A vida de Realizadores Importantes do século 20: Martin Luther King Jr., Malcolm X, Bob Marley & Outros
2. 21 Heroínas Negras Excepcionais: História de Negras Importantes do Século 20: Daisy Bates, Maya Angelou & Outras

A série de livros Empoderamento Feminino.

Bem-vindo à série de livros Empoderamento Feminino. Aprenda sobre modelos femininos destemidos dos tempos modernos com estas biografias inspiradoras de homens e mulheres inovadoras do mundo inteiro. O empoderamento feminino é um tópico importante que merece mais atenção do que recebe. Durante séculos foi dito às mulheres que seu lugar é no lar, mas isto nunca foi verdade para todas as mulheres ou mesmo para a maioria delas.

As mulheres ainda estão sub representadas nos livros de história e as que são apresentadas tendem a ser relegadas a algumas páginas. No entanto, a história está repleta de histórias de mulheres fortes, inteligentes e independentes que superaram obstáculos e mudaram o curso da história simplesmente porque queriam viver suas próprias vidas.

Estes livros biográficos o inspirarão enquanto também ensinam lições valiosas sobre perseverança e superação de adversidades! Aprenda com estes exemplos que tudo é possível se você trabalhar duro o suficiente para isso!

Títulos disponíveis:

1. 21 Mulheres Excepcionais: A vida de Lutadores pela Liberdade e Rompedoras de Barreiras: Angela Davis, Marie Curie, Jane Goodall & Outras
2. 21 Mulheres Inspiradoras: A Vida de Mulheres Corajosas e Influentes do Século 20: Kamala Harris, Madre Teresa & Mais
3. 21 Mulheres Fantásticas: A Vida Inspiradora de Artistas Criativas do Século 20: Madonna, Yayoi Kusama & Mais
4. 21 Mulheres Incríveis: As Vidas Influentes de Mulheres Ousadas na Ciência do Século 20

A série de livros dos Líderes Mundiais.

Bem-vindo à série de livros dos Líderes Mundiais. Descubra os modelos de conduta reais e presidenciais do Reino Unido, EUA e outros países. Com estas biografias inspiradoras sobre as famílias reais, presidentes e chefes de estado você aprenderá sobre as pessoas corajosas que ousaram liderar, incluindo citações, fotos e fatos raros.

As pessoas são fascinadas pela história e pela política e por aqueles que a moldaram. Estes livros apresentam novas perspectivas sobre a vida de figuras notáveis. Esta série é perfeita para qualquer um que queira aprender mais sobre os grandes líderes de nosso mundo; jovens leitores ambiciosos e adultos que gostam de ler sobre pessoas interessantes.

Títulos disponíveis:

1. Os 11 Membros da Realeza Britânica: A Biografia da Casa de Windsor: Rainha Elizabeth II e Príncipe Philip, Harry e Meghan, e Outros
2. Os 46 Presidentes dos Estados Unidos: Suas Histórias, Conquistas e Legados: De George Washington a Joe Biden
3. Os 46 Presidentes dos Estados Unidos: Suas Histórias, Conquistas e Legados - Edição Estendida

A série de livros de Mitologia Cativante.

Bem-vindo à série de livros de Mitologia Cativante. Conheça os Deuses e Deusas do Egito e da Grécia, as divindades nórdicas e outras criaturas mitológicas.

Quem são estes antigos deuses e deusas? O que sabemos sobre eles? Quem realmente eram? Por que as pessoas os adoravam nos tempos antigos e de onde vinham esses deuses?

Estes livros apresentam novas perspectivas sobre os deuses antigos que inspirarão os leitores a compreender seu lugar na sociedade e aprender sobre a história. Estes livros de mitologia também abordam tópicos que a influenciaram a religião, literatura e arte, através de um formato envolvente com fotos ou ilustrações atraentes.

Títulos disponíveis:

1. Egito Antigo: Um Guia para os Misteriosos Deuses e Deusas Egípcias: Amun-Ra, Osiris, Anubis, Horus & Outros
2. Grécia Antiga: Um Guia dos Deuses Gregos Clássicos, Deusas, Deidades, Titãs e Heróis: Zeus, Poseidon, Apollo & Outros
3. Antigos Contos Nórdicos: Descubra os Deuses, Deusas e Gigantes dos Vikings: Odin, Loki, Thor, Freya & Outros

A série de livros de Teoria Simples.

Bem-vindo à série de livros Teoria Simples. Conheça a Filosofia, as ideias de filósofos antigos e outras teorias interessantes. Estes livros apresentam as biografias e ideias dos filósofos mais populares de lugares como a Grécia antiga e a China.

A filosofia é um assunto complexo e muitas pessoas lutam para entender até mesmo o básico dela. Estes livros são projetados para ajudá-lo a aprender mais sobre filosofia e são originais por causa de sua abordagem simples. Nunca foi tão fácil ou mais divertido obter uma maior compreensão da filosofia do que com estes livros. Além disso, cada livro também inclui perguntas para que você possa se aprofundar em seus próprios pensamentos e opiniões!

Títulos disponíveis:

1. Filosofia Grega: As Vidas e Ideias dos Filósofos da Grécia Antiga : Sócrates, Platão, Pitágoras e outros
2. Ética e Moralidade: Filosofia Moral, Bioética, Desafios Médicos e Filósofos Afins

A série de livros "Empoderamento de Jovens Empreendedores".

Bem-vindo à série de livros "Empoderamento de Jovens Empreendedores". Nunca é cedo demais para jovens ambiciosos iniciarem suas carreiras! Quer você seja um indivíduo de espírito empresarial tentando construir seu próprio império, quer seja um aspirante a empresário começando um longo e sinuoso caminho, estes livros o inspirarão com as histórias de empresários de sucesso.

Aprenda sobre suas vidas e seus fracassos e sucessos que farão você querer ter o controle de sua vida em vez de simplesmente vivê-la!

Títulos disponíveis:

1. 21 Empreendedores Bem-sucedidos: As vidas de realizadores importantes do século 20: Elon Musk, Steve Jobs e Outros
2. 21 Empreendedores Revolucionários: As vidas de empresários incríveis do século 19: Henry Ford, Thomas Edison e outros

A série de livros História Fácil.

Bem-vindo à série de livros História Fácil. Explore vários assuntos históricos desde a idade da pedra até os tempos modernos, mais as ideias e pessoas influentes que viveram ao longo dos tempos.

Estes livros são uma ótima maneira de entusiasmá-lo com a história. As pessoas são muitas vezes desligadas de livros com textos secos e chatos, mas elas adoram histórias de pessoas comuns que fizeram a diferença no mundo. Estes livros lhe dão essa oportunidade enquanto ainda lhe dão informações históricas importantes.

Títulos disponíveis:

1. Primeira Guerra Mundial: A Primeira Guerra Mundial, suas Grandes Batalhas e o Povo e as Forças Envolvidas
2. Segunda Guerra Mundial: A História da Segunda Guerra Mundial, Hitler, Mussolini, Churchill e outros personagens-chave envolvidos
3. O Holocausto: Os nazistas, a Ascensão do antissemitismo, Kristallnacht e os Campos de Concentração Auschwitz & Bergen-Belsen
4. A Revolução Francesa: O Antigo Regime, Napoleão Bonaparte, e as Guerras Revolucionária Francesa, Napoleônica e de Vendée

Nossos livros estão disponíveis em todos os principais revendedores de livros on-line. Confira os pacotes digitais de nossos livros aqui: https://payhip.com/studentPressBooksPTBR

Conclusão

Esperamos que, depois de ler este livro, você esteja disposto a aprender mais sobre os antigos deuses nórdicos, crenças e tradições!

Você chegou ao fim deste conto épico. Esperamos que você tenha aprendido uma ou duas coisas sobre Odin, Thor e Loki. Se não (ou se você quiser apenas lê-lo novamente), pegue este livro, Antigos Contos Nórdicos, para ler novamente algum dia! Temos certeza de que ainda há algo novo a ser descoberto.

Temos muito mais títulos em nosso catálogo - portanto, não deixe de conferir também!

Você já leu este conteúdo educacional? O que você achou? Deixe sua opinião fazendo uma bela resenha deste livro!

Nós amaríamos isso, então, não se esqueça de escrever uma!

9 789494 932585 01